Meow Meow! And a big
welcome to the Cat English
Book! I hope you enjoy
learning all the fun,
new and interesting ways
to speak to your feline
in English. Enjoy!
Meow Meow! Cats rule!

야옹! 고양이영어 책을 찾아주신 것을 환영합니다!
당신의 사랑스러운 고양이에게
말할 수 있는 즐겁고, 새롭고, 재미있는
모든 영어 표현을 배워 보세요.
즐기세요, 고양이영어!
야옹, 야옹! 고양이 최고!

CAT
ENGLISH

"Of all God's creatures, there is only one that cannot be made to
slave on the leash of man." - Mark Twain

"신의 창조물 가운데 사람이 끈으로 묶어 놓을 수 없는 것이 딱 하나 있다.
그것은 고양이다." – 마크 트웨인

About the author

Matthew Douma grew up in a small rural town in Southern Canada. Ever since his early childhood years, Matthew has been in the company of pets and animals of all sorts.

At the age of five Matthew became the owner of an orange and tan stray named Bow, brought home from a local lumber yard. Matthew named his feline companion after a character on famed hit television series "The Dukes of Hazzard." Bow was put to sleep in 1995 after a bout with cancer.

In addition to traveling, Matthew enjoys hunting, mountain climbing, sailing and writing as hobbies.

Residing in Seoul with his lovely wife Sun Hee and daughter Ennik, he works as an English education consultant and author of English educational material. This is his fifth publication.

매튜 다우마는 캐나다 남부의 작은 시골 마을에서 자랐다. 유년 시절부터 애완동물을 포함한 여러 종류의 동물들과 함께 생활했다.

다섯 살 때 매튜는 길을 잃고 헤매고 있는 황갈색의 고양이를 발견해 집으로 데려와 키우게 되었다. 매튜는 유명한 텔레비전 연속극 '해저드 마을의 듀크 가족'의 주인공 이름을 따서 그 고양이에게 보우라는 이름을 지어 주었다. 보우는 암으로 투병하다 1995년에 눈을 감았다.

매튜는 취미로 태권도를 비롯하여 수렵, 등산, 요트 타기, 그리고 글쓰기를 즐긴다.

그는 현재 사랑스러운 아내 선희 그리고 딸 에닉과 함께 서울에 거주하면서 영어 교육 컨설 턴트 및 영어 교재 집필 활동을 하고 있다. 이 책은 그의 다섯 번째 저서이다.

Acknowledgments

Special thanks to: Sunny, Ray Rose, Jay, Christa, Alex, Judy Aran, Ahmi, Tatjana, Young Jae and Cleo for all of their valued contributions and insights that made this book possible.

이 책이 출판될 수 있도록 값진 조언과 도움을 준 서니, 레이 로스, 제이, 크리스타, 알렉스, 아란, 아미 그리고 영재에게 특별히 감사한다.

＊지은이를 도와 번역하신 분
설혜란 서강대 영문과 및 이화여대 통번역대학원 졸업, 현재 설통번역센터 대표.

CAT
ENGLISH

고양이와
함께하는 신나는
영어회화

매튜 다우마 지음

서프라이즈

For Ennik, Emma and Lark.
에닉, 에마, 라크에게 바칩니다.

In loving memory of Bow.
고양이 보우를 추억하며.

Preface

머리말

This book is intended to be an entertaining educational tool for non-native English speakers for better communication and understanding towards cats.

The chapters in this book cover diverse aspects of cat owners and cat interactions through conversational phrases and commands. Supplementary sections dealing with cat history, training, amazing facts, and cat trivia, as well as, idiomatic expressions, which have been incorporated with an entertaining flare to keep readers amused.

As an added bonus, I have included a special section of true cat stories, accompanied with reading comprehension questions and new vocabulary lists to aid when viewing.

Filled with humorous annotations, comical quizzes, and interesting facts throughout, this book is a must for anyone who owns a feline or simply loves the company of cats!

Matthew Douma

Cat English

이 책은 재미있게 영어를 배울 수 있도록 만든 교재로서, 비영어권 사람들이 고양이와 영어로 의사소통하면서 그들을 더욱 잘 이해할 수 있도록 의도한 것이다.

이 책은 고양이와 주인 사이에 일어날 수 있는 다양한 상황에서 고양이에게 말하거나 명령하면서 상호 작용하는 내용을 다루고 있다. 또한 독자들의 흥미를 유도하고 재미를 돋우기 위해 고양이에 관한 역사, 고양이 훈련시키기 및 고양이에 관한 경이로운 이야기와 재미있는 고양이 상식을 포함하고 있다. 또한 'cat'이 들어가는 관용 표현도 함께 수록했다.

아울러 고양이에 얽힌 실화도 실었으며 그에 딸린 독해 문제와 어휘 해설을 덧붙였다.

이 책은 전반에 걸쳐 고양이에 대한 재미있는 설명과 퀴즈 그리고 흥미로운 사실들을 다루고 있다. 따라서 고양이를 키우거나 고양이를 사랑하는 사람이라면 특히 한 번쯤 읽어 보아야 할 필독서이다.

매튜 다우마

Contents

차례

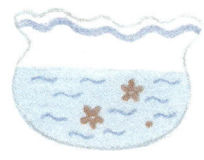

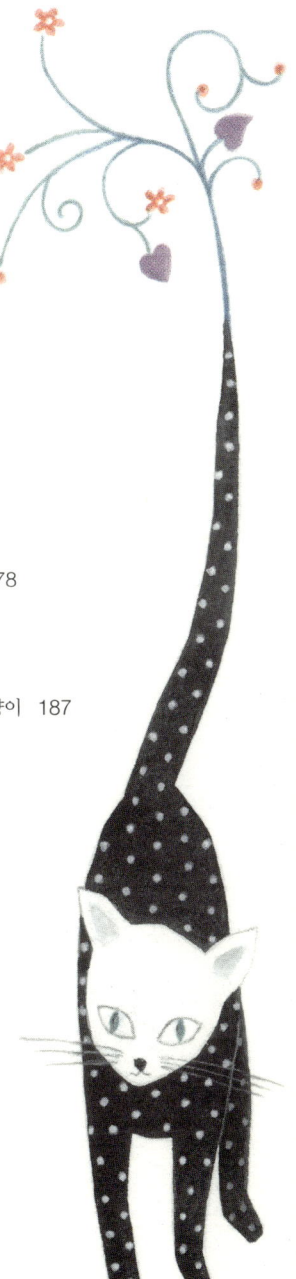

⑤ **Cat Idiomatic Expressions**
'cat'이 들어가는 관용적 표현

Appendix: The Author's Recommendation

By human standards, domesticated cats don't do all that much. They sleep, eat, and play before going back to sleep again. Giving your cat daily love and attention, along with dialogue and playful interaction, will add excitement to your cat's life and stimulate its senses. So, enliven your cat with smothering affection and English dialogue!

인간의 기준으로 볼 때 고양이는 하는 일이 거의 없다. 그들은 자고, 먹고, 놀고, 또 잔다. 고양이에게 말을 건네고 재밌게 상호 작용하면서 매일 애정과 관심을 보인다면, 고양이의 삶에 즐거움을 더할 것이고, 또한 고양이의 감각을 자극할 것이다. 그러므로 사랑을 듬뿍 주고 영어로 말을 건네며 고양이를 생기 넘치게 해주자!

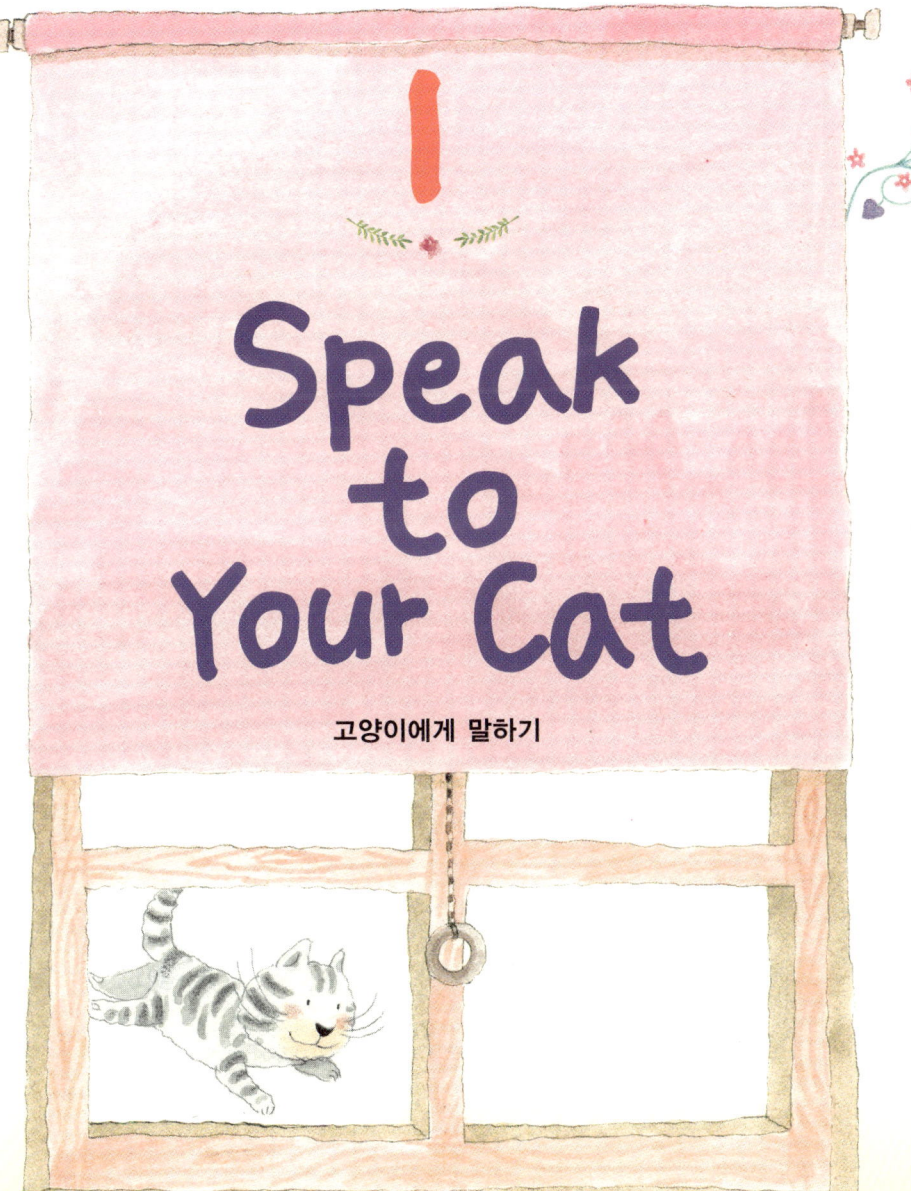

Speak to Your Cat

고양이에게 말하기

When I Meet My Cat
아침 인사

Despite the great probability of rejection, or just being ignored in general, interaction with your cat after many hours of sleep is always healthy for your relationship. Felines respond best to higher pitched voices that end with the "ee" sound, like kitty. Here are some of the most common phrases used when speaking to your cat in the morning.

일반적으로 거부되거나 무시되기 십상이지만, 오랜 시간 잠을 자고 일어난 후 고양이와 교감을 갖는 것이 고양이와의 관계를 돈독히 하는 데 유익하다. 고양이는 '키티'와 같이 '이'로 끝나는 고음에 가장 잘 반응한다. 다음은 아침에 일어나 고양이와 대화할 때 가장 많이 사용되는 표현들 중 몇 가지를 간추려 놓은 것이다.

Hello kitty.
야옹아, 안녕.

Good morning.
좋은 아침.

How are you?
잘 잤어?

Why are you waking me up?
나를 왜 깨우는 건데?

Wow! Look at you stretch!
와! 기지개 한번 시원하게 한다!

Are you still tired?
아직도 피곤해?

Did you have a good sleep?
잘 잤니?

Did you have sweet dreams?
좋은 꿈 꿨어?

Do you have to go outside?
밖으로 나갈래?

Do you need to use the litter box?
쉬할래?

Are you hungry?
배고프니?

Come on, let's go.
자, 나가자.

You are such a handsome cat.
정말 잘생겼단 말이야.

You're such a pretty cat, aren't you?
넌 정말 예쁜 고양이야, 그렇지?

You are such a good-looking cat.
넌 정말 잘생긴 고양이야.

Come here and let me pick you up.
이리 와. 어디 한번 안아 보자.

Give me a kiss.
뽀뽀해.

Oh my goodness, you've got some nasty breath.
오 저런, 입냄새 나는 것 좀 봐.

Let's brush your teeth.
양치질하자.

What did you do last night?
어젯밤에 뭐했니?

Where did you go?
어디 갔었어?

I heard a cat fight last night, was that you?
어젯밤에 고양이가 싸우는 소리가 들리던데, 그게 너였니?

I wonder what kind of trouble you'll cause today.
오늘은 어떤 말썽을 피울지 궁금하구나.

You're all scratched up!
온몸이 긁혔네!

You must be hungry.
배고프겠다.

If you could talk, I wonder what kind of stories you would tell me.
네가 말을 할 수 있다면 어떤 이야기를 해줄지 궁금해.

When I Meet a Stranger's Cat

남의 고양이와 인사하기

Meeting a stranger's cat without the accompaniment of your pet can be quite enjoyable. No matter how beautiful the cat's eyes may be, you should avoid staring. This behavior could trigger aggression, as cats commonly use the stare as an intimidation tactic with other felines.

자신의 고양이를 동반하지 않고 타인의 고양이와 만나는 것도 재미있다. 아무리 예쁜 눈의 고양이라 할지라도 그 눈을 응시하는 것은 피해야 한다. 그러한 행동은 고양이가 다른 고양이를 위협할 때 주로 사용하는 방법이므로 고양이의 공격성을 자극할 수 있다.

You have a nice cat.
멋진 고양이를 기르시네요.

Is it a he or a she?
수컷이에요, 암컷이에요?

What is your cat's name?
고양이 이름이 뭐예요?

Why did you give your cat that name?
그 이름을 지어 준 이유라도 있나요?

That is a nice name.
멋진 이름이네요.

What kind of cat is he?
고양이 품종은 무엇인가요?

Does he bite?
물기도 하나요?

Does he scratch?
할퀴나요?

Does he like to be petted?
쓰다듬어 주는 걸 좋아하나요?

Can I pet him?
쓰다듬어 줘도 될까요?

Here kitty, kitty!
야옹아, 여기야!

Be nice and don't scratch.
착하지, 할퀴면 안 돼.

You like it when I scratch the top of your head, don't you?
네 머리 위를 긁어 주니까 좋지?

Can I pick him up?
안아 봐도 될까요?

How old is your cat?
몇 살이나 됐어요?

How long have you had your cat?
고양이 기르신 지 얼마나 됐어요?

Is your cat housebroken?
고양이는 배변 훈련이 되어 있나요?

How long did it take to housebreak your cat?
배변 훈련시키는 데 얼마나 걸렸나요?

Does your cat use the toilet or does he use the litter box?
고양이가 화장실을 이용하나요, 아니면 오물통을 사용하나요?

Do you have a dog, too?
개도 같이 기르나요?

Do your cat and dog get along well?
고양이와 개가 사이좋게 지내나요?

Does your cat ever cause any problems when you are not home?
집을 비우실 때 고양이가 말썽을 일으킨 적이 있나요?

Does your cat catch mice?
생쥐를 잡기도 하나요?

Can your cat do any tricks?
재주를 부릴 줄 아나요?

That's a nice trick.
정말 멋진 재주네요.

Does your cat like to watch TV?
고양이가 TV 보는 것을 좋아해요?

Goodbye kitty, thank you.
잘 가, 야옹아, 고마워.

3 Basic Commands around the House

기본 명령

It is said the average dog has a vocabulary of approximately 30-45 words. For cats, however, the brain power remains somewhat of a mystery. Unofficially, the smartest cat in the world is a purebred Persian, named Cuty Boy. It is said that this cat recognizes up to eight spoken languages. Of course, some cats will obviously be smarter than others, but the important thing to keep in mind is that constant conversation with your cat is essential to a healthy relationship and his overall mental health. Here is a basic list of general commands and comments used when communicating with your cat companion.

평균적으로 개는 대략 30~45단어 정도를 알아듣는다고 한다. 그러나 고양이의 지력은 다소 신비에 싸여 있다. 비공식적이긴 하지만 세상에서 가장 영리한 고양이는 큐티 보이라는 순종 페르시아고양이이다. 이 고양이는 8개 국어를 알아들을 수 있다고 한다. 물론 어떤 고양이가 다른 고양이보다 우수하리라는 것은 분명하지만, 명심해야 할 중요한 사실은 고양이와의 지속적인 대화는 고양이의 정신 건강뿐만 아니라 바람직한 관계 유지에도 필수적이라는 것이다. 다음은 고양이와 대화를 나누는 데 필요한 일반적인 명령어와 표현을 소개한 것이다.

Come and get it!
와서 먹어!

Here kitty, kitty!
여기야, 야옹아!

Give me a kiss!
뽀뽀해!

Get down!
내려가!

Stop that!
그만해!

Get out of there!
거기서 나와!

Get off of that!
거기서 떨어져!

Come down from there!
거기에서 내려와!

Go get it!
가서 가져와!

What do you see?
뭘 보고 있니?

What's that?
저게 뭐지?

Be nice!
얌전히 굴어!

Don't bite!
물지 마!

Don't scratch!
할퀴면 안 돼!

Let go!
놔!

Sit!
앉아!

Go lie down!
엎드려!

Get off the counter!
카운터에서 내려와!

Jump up!
뛰어올라!

Don't jump up!
점프하지 마!

No begging!
음식 달라고 하지 마!

Don't scratch the furniture!
가구를 긁지 마!

Don't go in there!
거기 들어가지 마!

Don't go up there!
거기 올라가지 마!

Don't drink from the dog's dish!
개 물에 손대지 마!

Stop meowing!
그만 울어!

Don't hiss!
쉿쉿 하는 소리 내지 마!

Stop walking back and forth! I am getting dizzy!
이리저리 왔다 갔다 하지 마! 어지러워!

Stop weaving in and out of my legs! I'm going to trip!
내 다리 사이로 휘젓고 다니지 마! 걸려 넘어지겠어!

Cat Accessories

고양이용품

The vocabulary below is an attempt by the author to list the most commonly used cat accessories for your pet. Practice this vocabulary with your pet anytime there is an interaction with an accessory. Your pet may need to hear the vocabulary several times before he can recognize it. You should take note that cats respond best to high-pitched tones.

아래 어휘는 애완동물로 기르는 고양이의 용품으로 가장 많이 사용되는 것을 목록으로 작성해 본 것이다. 용품을 사용할 기회가 생길 때마다 해당 용어를 고양이와 함께 연습해 보라. 고양이가 그 용어를 기억하려면 여러 차례 반복해 들어야 할지도 모른다. 고양이는 고음에 가장 잘 반응한다는 것을 기억하라

Cat dish
고양이 접시

Cat bowl
고양이 밥그릇

Cat bell
고양이 종

Cat collar
고양이 목걸이

Cat tags (Name tags)
고양이 이름표

Vaccination tags
백신 접종표

Litter box
오물통

Cat chow
고양이 사료

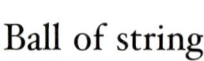

Rubber mouse
고무로 만든 생쥐 (장난감용)

Ball of string
실뭉치

Plastic bag
비닐 봉지

Catnip
개박하

Fish bowl
어항

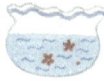

Milk and tuna
우유와 참치 (고양이용)

A carrying bag
이동용 가방

A safe place to hide from the vacuum
진공청소기로부터 숨을 수 있는 안전한 곳

A cardboard box to hide in
몸을 숨기는 종이 상자

A high place to sit secretly
몰래 앉아 있을 수 있는 높은 곳

A cat tower
고양이 타워 (높은 곳을 좋아하는 습성에 맞춘 일종의 놀이기구)

A warm place to nap
낮잠을 잘 만한 따뜻한 곳

Blanket
담요

Scratching post
고양이 기둥 (발톱을 긁을 수 있는 기둥)

Cat leash
고양이줄 (묶어 두는 줄)

Toothbrush
칫솔

Hairbrush
머리빗

Shoes
신발

Socks
양말

Scarf
스카프

Ribbon
리본

Necklace
목걸이

Rubber ball
고무공

Pillow
베개

5 Cat Emotions
고양이의 감정

It has been documented that dogs have up to 100 different facial expressions. Cats, however, are a different story. Anyone who has owned a cat knows that cats can be quite aloof at times, as they often keep to themselves. Here are a few of the most common emotions and comments that cat owners tend to use in English.

개는 100여 가지의 얼굴 표정을 지을 수 있는 것으로 기록되어 있다. 그러나 고양이는 다르다. 고양이를 키워 본 사람이라면 고양이가 종종 홀로 떨어져 있는 사실을 잘 알고 있을 것이다. 고양이에게서 흔히 나타나는 감정과 고양이 주인이 영어로 사용하는 표현을 소개한다.

You are arrogant.
거만한 녀석.

You act so conceited!
너무 우쭐대는구나!

Why are you so stuck up?
왜 그리 점잔빼고 있어?

You look bored.
심심해 보인다.

You look scared.
겁먹었나 보네.

You look happy.
행복해 보이는구나.

Are you in love?
사랑에 빠졌니?

You love me, don't you?
나를 좋아하지?

You are pleased with yourself, aren't you?
기분이 좋구나?

You think you own this house, don't you?
네가 이 집 주인이라고 생각하지?

You act like you own this house.
네가 이 집 주인인 것 같다.

Sometimes you act like you know everything.
가끔 넌 모르는 게 없는 것 같더라.

You look smug, what did you do?
시치미를 떼는 것 같은데, 무슨 짓을 한 거야?

You look like you did something wrong.
뭔가 나쁜 일을 저지른 것 같군.

You are angry, aren't you?
화났니?

You are really upset, aren't you?
너 정말로 화났구나, 그렇지?

Your eyes look angry, what's wrong?
눈빛이 화난 것 같은데, 뭐가 잘못되었니?

Are you jealous?
샘 나?

Are you nervous?
불안하니?

What are you so afraid of?
뭐가 그렇게 겁나니?

You are such a fraidy-cat.
이런 겁쟁이 같으니라고.

You really looked pissed off!
진짜 화가 많이 난 모양이구나!

Don't look at me like that!
그런 식으로 나를 쳐다보지 마!

You think that you are perfect, don't you?
네가 완벽한 줄 아는구나?

Why are you giving me such a bad attitude today?
오늘은 왜 그렇게 못되게 구는 거니?

Why are you in such a strange mood today?
오늘은 왜 그렇게 기분이 요상하니?

Why are you so finicky?
왜 그렇게 신경이 날카롭니?

You are very curious.
이 호기심덩어리야.

You are very quiet today.
오늘은 아주 조용하네.

6 Dinnertime
식사 시간

Did you know that your cat has a built-in sonar and can hear when the can opener is being taken out of the kitchen drawer? Your cat covertly approaching you and suddenly appearing for food becomes a daily ritual. Here are some common phrases for you to use when feeding your cat companion. Remember that even though most cats love tuna, it lacks taurine, an essential nutrient required for good cat health. Never feed your cat only tuna for an extended period of time.

고양이는 몸 속에 음파탐지기를 갖고 있어서 부엌 싱크대 서랍에서 병따개를 꺼내는 소리를 들을 수 있다는 것을 알고 있었는가? 고양이가 살그머니 다가와 먹이 앞에 갑자기 확 나타나는 것은 일상적인 일이 된다. 다음은 고양이에게 먹이를 주면서 사용할 수 있는 몇 가지 일반적인 표현을 소개한 것이다. 고양이는 대부분 참치를 좋아하지만, 참치에는 고양이의 건강을 유지하는 데 필수적인 영양소인 타우린이 부족하다는 점을 명심해야 한다. 오랫동안 참치만을 먹여서는 절대로 안 된다.

Here kitty, kitty!
야옹아, 여기야!

Come and get it!
이리 와서 어서 먹어!

Are you hungry?
배고프니?

Are you thirsty?
목마르니?

Does kitty want some chow?
야옹아, 먹이 좀 줄까?

Don't be such a picky eater.
편식하지 마.

I'll put it in your favorite dish.
네가 좋아하는 접시에 그걸 넣어 줄게.

Look, it's your favorite!
봐, 네가 제일 좋아하는 거야!

Milk and tuna.
우유하고 참치.

Enjoy!
맛있게 먹어!

Eat it all up!
전부 다 먹어!

Are you full?
배부르니?

Did you have enough?
배부르게 먹었니?

Don't eat that, that's mine!
그것은 먹지 마, 그건 내 거야!

Eat your own food!
네 것이나 먹어!

You like it, don't you?
네가 좋아하는 거지?

Is it good?
맛있니?

You've got food all over your chin!
턱에 음식을 잔뜩 묻혔네!

Slow down, don't eat so fast!
천천히 먹어, 그렇게 급하게 먹지 마!

You were hungry, weren't you?
배가 고팠구나?

Don't drink from the dog's water dish! He doesn't like that!
개 물그릇은 건드리지 마! 개가 싫어하잖아!

Do you want some more?
좀더 줄까?

You're getting fat!
살쪘는걸!

You need to cut down on eating and sleeping.
먹고 자는 것을 좀 줄여야 해.

If you eat too much, you'll end up sleeping all day.
너무 많이 먹으면 하루 종일 잠만 자게 될걸.

Don't hiss at me!
나한테 쉿쉿 하는 소리 내지 마!

Stop meowing!
그만 좀 울어라!

Stop walking around in circles! I'm going to give you food!
빙글빙글 돌지 마! 곧 먹이를 줄게!

Stop weaving in and out of my legs!
다리 사이로 왔다 갔다 하지 마!

You always know when it's dinnertime, don't you?
식사 시간인 줄 언제나 아는 거지?

You are such a picky eater.
넌 식성이 까다로워.

How could you have survived in the wild? You're embarrassing to your ancestors.
야생 상태에서는 어떻게 살아남았을까? 네가 조상의 얼굴에 먹칠을 하는구나.

Playtime is an opportune time to further relationship building between you and your cat. Whenever possible, include discussion with your pet and involve him in every aspect of play, no matter how much you may be ignored. Below are some practical conversational phrases that owners share with their pet.

놀아 주는 시간은 고양이와 친밀한 관계를 구축할 수 있는 절호의 기회이다. 아무리 고양이가 무시한다고 해도, 가능하다면 대화를 나누고 모든 놀이를 같이 하도록 하라. 다음은 고양이와 나눌 수 있는 실용적인 대화체 표현이다.

Does kitty want to play?
야옹아, 놀까?

Let's play for a while.
잠깐만 놀자.

Maybe if we play every day you will lose a little weight.
매일 우리가 같이 놀다 보면, 네 살이 좀 빠질 거야.

No scratching and no biting when we play.
같이 놀 때 할퀴거나 물기 없기.

You have to play nice. OK?
점잖게 놀아야 한다. 알았지?

Do you want to play with the dog?
개하고 놀래?

Do you want to play with your toys?
장난감 가지고 놀래?

Which toy is your favorite?
어떤 장난감이 제일 좋아?

Go get your toys.
가서 장난감 가져와.

Play with your own toys, don't play with the dog's toys.
네 장난감만 가지고 놀아, 개 장난감은 그냥 둬.

Please don't scratch the furniture.
가구에 흠집 내지 마.

Here is your ball of string.
자, 털실뭉치 여기 있다.

Be careful that you don't get it wrapped around your neck.
그게 네 목에 감기지 않도록 조심해.

Oh no! You are all tangled up in the string.
저런, 온몸에 실이 친친 감겼구나.

Let me get you out.
실을 풀어 줄게.

You sure are fast!
동작 빠르네!

You are pretty fast for a fat cat.
살찐 고양이 치고는 아주 빠르구나.

Don't play next to the china. No!
도자기 근처에서는 놀지 마. 안 돼!

Oh no! You've knocked over my vase!
저런, 꽃병을 쓰러뜨렸잖아!

You are such a good jumper.
점프를 정말 잘하네.

You always land on your feet.
항상 발부터 먼저 착지하는구나.

Play with your toys, don't play with insects!
장난감 가지고 놀아, 벌레 가지고 놀지 말고!

Is that mouse real?
그거 진짜 생쥐야?

Is that your rubber mouse?
그건 장난감 생쥐야?

Let's play with your rubber ball now. I'll throw it and you chase it.
자, 고무공 가지고 놀자. 내가 공을 던지면 네가 가서 주워 오는 거다.

Now bring the ball here!
그 공을 이리로 가져와!

The dog listens better than you do.
개가 너보다 말을 잘 들어.

Don't play with that. It's your tail. Stop!
그걸 가지고 놀지 마. 그건 네 꼬리잖아. 그만!

Good kitty.
우리 착한 야옹이.

Besides playtime, exercise may be the only physical activity that your cat has if you live in an urban setting. Exercise is also a good way to continue the bonding process with your feline. Whenever possible try to include your pet in as much discussion as you can while exercising. Allow your pet to explore new things on his own as you provide explanations of his surroundings. Regular routine walks outdoors can help trim some excess weight off of your kitty and keep him happy and healthy. Below are some common phrases used while exercising with your cat.

도시에 살고 있는 고양이에게는 놀이를 제외하면 운동이 유일한 신체 활동이다. 운동을 시키는 것은 또 고양이와의 친밀감을 높일 수 있는 좋은 방법이다. 운동할 때, 가능한 대로 고양이에게 말을 많이 시키는 것이 좋다. 그리고 주변 환경을 설명해 준 다음에는 고양이가 스스로 새로운 것을 찾도록 허용하라. 정기적인 옥외 산책은 고양이의 비만을 예방하며, 건강하고 행복하게 해준다. 다음은 고양이를 운동시킬 때 사용되는 몇 가지 일반적인 표현이다.

You need to go on a diet!
너 다이어트 좀 해야겠어!

You need to get some exercise!
너 운동 좀 해야겠는데!

The doctor told me that you are obese!
의사 선생님이 그러는데 너 비만이래!

You're getting too fat!
넌 너무 살찌고 있는 거야!

You need to get in shape.
너는 날씬해져야만 해.

Let's go for a walk.
산책하러 가자.

I'll go and get your leash.
가서 줄을 가져올게.

Sit still while I put it on you.
줄 거는 동안 가만히 앉아 있어.

No matter how much you beg, I am not going to carry you!
아무리 졸라도 널 안고 가지 않을 거야!

Don't walk through the mud!
진흙 밟고 다니지 마!

If you get dirty, we are taking a bath as soon as we get home.
더러워지면 집에 가자마자 목욕할 거야.

**Be careful and don't get your paws dirty.
I hate to clean them.**
발이 지저분해지지 않도록 조심해. 그걸 씻기는 게 얼마나 귀찮은데.

Stop tugging on the leash!
줄을 잡아당기지 마!

You are one stubborn cat, aren't you?
진짜 고집쟁이네.

Slow down!
천천히 해!

Come here!
이리 와!

What's that?
그건 뭐니?

Why are you walking so secretively?
왜 그렇게 살금살금 걷니?

What do you hear?
무슨 소리가 들리니?

What do you see?
뭘 보는 건데?

Look! I see a bird. Do you see it too?
저것 봐! 새가 보이네. 너도 보이니?

What do you smell?
무슨 냄새를 맡고 있니?

Why do you have to stop at every tree and sharpen your claws?
왜 나무들마다 멈춰 서서 네 발톱을 갈아대니?

Stop meowing, or you're going to walk all the way!
그만 울어, 안 그러면 내내 걸어가게 할 거야!

You are such a complainer.
넌 불평이 많구나.

You are such a drama king.
너 정말 오버하는구나.

You do look a bit tired.
좀 피곤해 보이는구나.

Do you want to go home?
집에 갈래?

OK, I'll carry you now.
좋아, 이제 너를 안고 갈게.

You're a big baby.
아기처럼 구네.

I really enjoyed our little walk today. We should do this more often.
오늘 짧은 산책은 정말 좋았어. 더 자주 해야겠는걸.

9 My Cat the Predator

고양이는 포식자

Cats are true carnivores. In fact, if you were searching for a creature that survives by hunting other mammals you would have trouble finding a better hunter and predator than the cat! Their hunting skills are innate, so it is no wonder why cats continue to hunt while living a domesticated life. Cats are notorious for bringing their owners little gifts of half-dead animals and insects, although the clear purpose for this behavior remains obscure. Below are some common phrases that are used in such situations.

고양이는 전형적인 육식동물이다. 사실, 다른 포유류를 사냥해 살아가는 동물들 중에서 고양이보다 더 뛰어난 사냥꾼이나 포식자는 찾아보기 힘들 것이다. 고양이의 사냥 기술은 천부적이며, 따라서 집에서 길들여진 생활을 하면서도 계속해서 사냥하는 것이 놀라운 일도 아니다. 고양이는 다 죽어가는 동물이나 벌레를 잡아다 주인에게 선물하는 것으로 알려져 있는데, 이런 행동의 정확한 목적은 아직 밝혀져 있지 않다. 다음은 그런 상황에서 흔히 사용되는 몇 가지 표현들이다.

What's that?
그게 뭐니?

Is that a mouse?
그건 생쥐니?

Why do you bring me little gifts?
왜 나한테 그런 선물을 가져오니?

Is that dead?
죽은 거야?

It's alive!
살아 있잖아!

Oh my God! You've brought a little mouse into the house!
세상에! 집안에 쥐를 한 마리 가지고 왔네!

Let it go!
놔 줘!

Don't play with it!
그거 가지고 놀지 마!

Stop torturing the poor little mouse!
불쌍한 생쥐를 괴롭히지 마!

Oh no, it's dead!
저런, 죽었잖아!

What did this little mouse ever do to you?
이 생쥐가 너한테 무슨 짓이라도 했어?

Don't bring animals into the house!
동물들을 집안으로 가져오지 마!

Where do you find these little animals?
이 작은 동물들을 어디서 찾았니?

What are you looking at?
무엇을 보고 있니?

Are you stalking something?
무엇인가를 몰래 뒤쫓고 있어?

Are you hunting?
사냥 중이니?

This is not the jungle and you are not a tiger.
여긴 정글이 아니고, 넌 호랑이가 아니야.

Why are you always hunting?
왜 항상 사냥을 하는 거니?

How about bringing a big, juicy steak instead of this little mouse?
이런 조그만 생쥐 대신에 크고 맛있는 스테이크를 가져오는 게 어때?

What do you see?
뭘 보니?

What do you hear?
무슨 소리가 들리니?

You've caught a bird!
새를 잡았구나!

You've caught a baby rabbit!
새끼토끼를 잡았구나!

How can you be so cruel?
어쩌면 그리 잔인하니?

Have some mercy!
자비를 좀 베풀어!

Don't kill it!
죽이지 마!

That's it! Tomorrow I am going to put a bell on your collar.
바로 그거야! 내일은 네 목걸이에다 방울을 달아야겠다.

If you keep this up, I am going to get you declawed!

이 짓을 계속하면 네 발톱을 다 뽑아 버릴 테야!

Where do you find all of these crickets and grasshoppers?

이 귀뚜라미와 메뚜기들을 모두 어디서 찾았니?

Why do you rip off their legs?

걔네들의 다리는 왜 떼어내니?

You are proud of what you have just done, aren't you?

네 행동이 아주 자랑스러운가 보구나?

It would be a lot better if you could catch and kill mosquitoes.

네가 모기를 잡아 죽일 수 있다면 훨씬 나을 텐데.

10 The Litter Box and Stuff
배변 훈련

Part of being nature's greatest carnivore is the ability to remain high on the food chain. Cats in the wild are able to do this by innately concealing their wastes underground. This inborn behavior continues to exist in all domesticated cats as well. Therefore, litter box training is merely showing the cat where the box is and allowing him privacy. Below are some common phrases used in association with the litter box and bathroom habits.

자연 속에서 가장 뛰어난 육식동물이 되는 것의 일부는 먹이 사슬의 위쪽에 머무를 수 있는 능력이다. 야생 고양이들은 천성적으로 자신의 배설물을 땅속에 숨김으로써 그렇게 할 수 있다. 이러한 타고난 습성은 길들여진 고양이에게도 존재한다. 따라서 배변 훈련이란 단지 고양이에게 오물통의 위치를 가르쳐 주고 혼자 내버려 두는 것이다. 다음은 오물통과 화장실에 관해 흔히 사용되는 몇 가지 표현이다.

Why are you meowing? Does kitty have to use the litter box?
왜 우니? 야옹이, 오물통 사용할래?

Do you want to go outside?
밖에 나갈래?

Did you pee on this?
여기에다 오줌 쌌니?

Did you spray on this?
여기에다 쉬했어?

Did you poo on this?
여기에 똥을 싼 거야?

Don't pee on this, use the kitty litter box!
여기에다 오줌 싸지 마, 네 오물통을 써야지!

Don't poo on the carpet and cover it up with a magazine!
카펫에다 똥 싸고 잡지로 덮지 마!

I can smell it!
냄새로 알 수 있어!

This smells awful!
이 냄새 지독하네!

Oh, this really smells pungent!
야, 이 냄새 진짜 독하다!

I know that you did this!
네 짓이란 거 알아!

I think that you need more fiber in your diet.
네 사료에 섬유질을 더 추가해야겠군.

I need to clean this mess up.
이 더러운 걸 깨끗하게 치워야겠다.

How in the hell am I going to clean this mess up?
도대체 이걸 어떻게 치워야 하니?

What did you eat?
뭘 먹은 거니?

I think we need to change your diet.
네 사료를 바꿔야 할까 보다.

Oh no! You've got poo stuck to your fur!
이런! 네 털에 똥을 묻혔네!

This is disgusting.
구역질 나.

How am I ever going to get this smell out?
이 냄새를 어떻게 없애지?

Bad kitty!
못된 고양이!

If you have to go, be sure to use the litter box.
싸고 싶으면 반드시 오물통을 사용해.

Your bathroom is in the litter box.
네 화장실은 이 오물통이야.

Your litter box needs to be cleaned.
네 오물통을 닦아야겠구나.

Why do you bury your poo after you finish?
똥을 싸고 나서 왜 덮어?

What are you hiding your poo from?
뭐 때문에 감추는 거야?

When you use your litter box, don't kick the clay out of the box!
오물통을 쓸 때 흙을 차내지 마!

Don't kick the clay around so much! You're making it dusty!
흙을 그렇게 뒤적거리지 마. 먼지 나잖아!

I wish that you could use the toilet.
네가 화장실을 이용할 수 있으면 좋으련만.

I am going to buy you the Litter Kwitter and teach you how to use the toilet.

네게 리터퀴터를 사 주고 화장실 사용법을 가르쳐야겠어.

Don't try to shift the blame to the dog. You did it!

개한테 덮어씌우려고 하지 마. 네가 한 짓이잖아!

The sandbox is for the kids to play in. It is not your bathroom.

모래놀이통은 아이들의 놀이터야. 네 화장실이 아니야.

Lazy Cat
게으름뱅이 고양이

Despite their title as the number one most successful predator, cats can be downright lazy animals. Cats spend most of their time in a light sleep. In fact, cats can sleep up to eighteen hours a day! Since a domesticated cat's food is acquired effortlessly there is no wonder why cats often become fat and lazy. Here are a few comical timely interactions for you and your lazy cat.

가장 성공적인 포식자란 명성에도 불구하고, 고양이는 정말로 게으른 동물이기도 하다. 고양이는 대부분의 시간을 얕은 잠을 자며 보낸다. 하루에 18시간까지도 잘 수 있다! 집에서 기르는 고양이는 힘들이지 않고도 먹이를 구할 수 있기 때문에 살이 찌고 게을러지는 것은 당연한 일이다. 다음은 게으른 고양이와 나눌 수 있는 익살스러운 대화 몇 가지를 소개한 것이다.

No wonder you are so fat.
그렇게 살이 찌는 게 당연하지.

All you do is lay around the house and lick yourself.
네가 하는 일이라고는 집안에서 뒹굴며 몸을 핥아대는 것밖에 없구나.

I wish I were a cat, too.
나도 고양이라면.

Your daily routine is to sleep, eat, and sleep.
너의 하루 일과는 먹고 자는 일의 연속이구나.

If you slept any longer you would be dead.
더 이상 자다가는 죽고 말 거야.

Do something!
좀 움직여!

Did you turn on the TV? You need to stop watching TV and start moving around.
네가 TV 켰니? 너 TV는 그만 보고 움직이기 시작해야겠어.

You would be a lot thinner if you had to hunt for your food.
네가 먹이를 사냥해야 한다면 훨씬 날씬해질 텐데.

Why don't you come when I call you?
내가 부르는데 왜 오지 않니?

You have slept all day.
하루 종일 잤구나.

Get off the bed!
침대에서 내려와!

Are you a cat or a pig?
네가 고양이니, 돼지니?

Can you do anything else besides sleep and eat?
먹고 자는 것말고 할 줄 아는 게 있니?

Get off my chair! You need to tone up.
내 의자에서 내려와! 운동을 좀 해야겠다.

Look at yourself! Look what you've become!
너 자신을 봐! 네가 어떻게 변했는지 봐!

You're a cat couch potato!
너는 게으름뱅이 고양이야!

12 My Cat is Sick
아픈 고양이 보살피기

A key point to remember when speaking to an injured or sick cat is that they are sensitive animals that live in a sensory world totally different from ours. A soft encouraging voice, and a few reassuring OKs while stroking your pet's forehead, will help to calm a sick kitty. Remember it is also an inborn behavior for a sick cat to hide. So, if you can't seem to find your four-legged friend, he may be under the weather.

아프거나 다친 고양이에게 말을 걸 때 명심해야 할 사항은 고양이가 우리 인간과는 전혀 다른 감각 세계에 사는 예민한 동물이라는 것이다. 부드럽게 위로하는 목소리로 고양이의 이마를 부드럽게 쓰다듬으면서 괜찮다고 안심시키는 말을 몇 마디 하면, 아픈 고양이를 진정시키는 데 도움이 된다. 또 하나 명심할 것은 고양이에게는 아프면 숨어 버리는 선천적인 습성이 있다는 점이다. 그래서 네발 달린 친구가 보이지 않을 때는 아프다고 생각하면 된다.

What's the matter kitty?
야옹아, 왜 그래?

You are awfully quiet today.
오늘은 너무 잠잠하구나.

Are you sick?
아프니?

Is kitty sick?
야옹이 아프니?

Tell me what's wrong.
무슨 일인지 말해 봐.

Are you in pain?
아픈 데 있니?

You are very quiet.
매우 조용하네.

Why aren't you purring?
왜 가르랑거리지 않니?

You are shaking.
떨고 있구나.

You look like you are in pain.
아픈 것처럼 보인다.

Did you throw up?
토했어?

You look weak.
힘이 없어 보여.

You have a cut on your ear.
귀에 상처가 났네.

You're bleeding!
피가 나!

Do you have diarrhea?
설사하니?

I think we need to go see the vet.
동물병원에 가봐야겠어.

The doctor will just take a look.
의사 선생님이 정확히 살펴볼 거야.

The doctor says that he needs to give you a shot.
의사 선생님이 네게 주사 놓아야 한다는구나.

Don't be scared.
겁내지 마.

You are so brave.
정말 용감하구나.

When we get home, I'm going to give you a treat.
집에 가면 상 줄게.

Come here sweetie.
이리 와, 착한 것.

Let me pick you up.
안아 줄게.

I'll take care of you.
내가 보살펴 줄게.

You have to take your medicine.
· 약 먹어야 해.

Don't run away when I say medicine.
약 먹자고 할 때 도망가지 마.

Don't take off!
달아나지 마!

Stop hiding!
숨지 마!

Open your mouth!
입 벌려!

Swallow it!
꿀꺽 삼켜!

Don't spit it out!
뱉지 마!

Good kitty.
잘했어, 야옹아.

It's ok. We are done.
됐어. 다 끝났어.

You'll be ok.
괜찮아질 거야.

Good Pussycat

칭찬하기

Giving praise to your cat by smothering him with love and affection, and seeing your cat truly content, is probably one of the most rewarding moments of owning a cat. Here is a brief list of the more common phrases used when praising or simply conveying affection to your feline companion.

사랑과 애정을 듬뿍 주면서 고양이에게 칭찬을 하고 고양이가 진정으로 만족스러워하는 것을 보는 것이 야말로 고양이를 키우면서 느낄 수 있는 가장 보람된 순간 중의 하나일 것이다. 다음은 고양이를 칭찬하 거나 애정을 표현할 때 흔히 사용되는 표현을 간략하게 정리한 것이다.

Good kitty.
착하지, 야옹아.

Good pussycat.
착하지, 나비야.

You're a good kitty, aren't you?
착한 야옹이지?

You like it when I scratch behind your ears, don't you?
귀 뒤를 긁어 주는 것을 좋아하지?

I love you more than I love the dog.
나는 개보다 너를 더 사랑해.

Let me give you a hug.
안아 줄게.

Let me give you a kiss.
뽀뽀해 줄게.

Did you miss me while I was gone?
나 없을 때 보고 싶었어?

Were you a good kitty while I was away?
내가 없을 때 얌전히 있었니?

Mommy loves you.
엄마는 너를 사랑해.

Daddy loves you.
아빠는 너를 사랑해.

When I die, I'll leave the house to you.
내가 죽으면 집을 물려줄게.

Don't you ever leave me.
나를 떠나면 절대 안 돼.

You're my sweetie.
넌 나의 착한 아기야.

You're my angel.
넌 나의 천사야.

You're awesome!
넌 대단해!

You're such a good friend.
넌 정말 좋은 친구야.

You are my best friend.
너는 나의 가장 친한 친구야.

You are so much cleaner than the dog.
네가 개보다 훨씬 깔끔해.

You are so much smarter than the dog.
네가 개보다 훨씬 똑똑해.

Come and cuddle with me.
이리 와서 안겨 봐.

You make me so happy.
너는 나를 정말 행복하게 해.

Your fur coat is soft like silk.
네 털은 비단처럼 보드랍구나.

You make the windowsill beautiful.
네 덕분에 창턱이 멋진걸.

If we meet in another life, you can be the
owner and I'll be your cat.
우리가 다음 세상에서 다시 만난다면, 너는 주인이 되고 난 네 고양이가 될게.

14 Bad Cat
야단치기

Although you may love your cat more than anything else, cats have an unquenchable thirst of curiosity that often gets them into trouble. When your wayward cat causes problems remember to strengthen your voice tone and abstain from physical punishment. Try to keep in mind that your cat is just curious and didn't misbehave intentionally!

그 어느 것보다 고양이를 사랑하겠지만, 고양이는 호기심을 억누르지 못해 종종 말썽을 일으킨다. 말썽꾼 고양이가 문제를 일으키면, 목소리 톤을 높여 혼은 내지만 체벌은 삼간다. 고양이는 단지 호기심이 많을 뿐이지 일부러 말썽을 일으킨 것은 아니라는 점을 명심하라!

Get down!
내려와!

Get off that!
거기서 내려와!

Get out of there!
거기서 나와!

Get off of the screen!
방충망에서 떨어져!

Get off of the curtains!
커튼에서 내려와!

Get out of the garbage!
쓰레기에서 나와!

Get!
가!

Don't hiss at me!
쉿쉿 소리를 내지 마!

Don't growl at me!
으르렁거리지 마!

Don't scratch me!
할퀴지 마!

Don't bite me!
물지 마!

Don't chew on the electrical cord!
전선을 씹지 마!

No biting!
물면 안 돼!

Bad cat!
못된 고양이!

Bad kitty!
못된 야옹이 같으니라고!

No!
안 돼!

You have slept around and gotten pregnant again!
돌아다니더니 또 임신했구나!

Now who is going to take care of your litter?
이제 네 새끼들을 누가 보살피겠니?

Don't scratch the furniture!
가구를 긁어대지 마!

Not here, go to the litter box!
여기는 안 돼, 오물통으로 가!

Did you spray on this?
네가 여기에 오줌 쌌니?

I'm going to feed you to the dog!
너를 개 먹이로 줄 거야!

I'm going to get you declawed!
발톱을 뽑아 버릴 테야!

I'm going to get you neutered!
거세시켜 버릴 거야!

I'm sending you to the pound!
동물보호소에 보내 버린다!

If you keep it up, you'll have to sleep outside with the dog!
자꾸 말썽 피우면 밖에서 개하고 같이 자야 할 거야!

Are you listening to me?
내 말 듣고 있어?

Don't ignore me!
내 말 명심해!

Don't walk away when I am talking to you!
내가 말할 때 가 버리지 마!

What the hell is this mess?
도대체 뭘 이렇게 어질러 놓은 거야?

What were you thinking?
무슨 생각을 하고 있었니?

Did you do that to the furniture?
네가 가구에다 저렇게 했어?

Get your paws off that!
거기서 발을 떼!

Get your paws out of the fish bowl!
어항에서 발 빼!

I should trade you for a dog.
너를 개와 바꿔야겠어.

Stop scaring the bird! You are going to give him a heart attack!
새에게 겁주지 마! 새가 심장마비 걸리겠어!

Stop chewing on the plants!
화초들을 씹지 마!

Take your claws off the door screen!
문발에서 발톱 내려 놔!

Your hair is everywhere!
온통 네 털이야!

I can smell it but I can't see it. Did you spray on my clothes?
냄새는 나는데 보이질 않네. 내 옷에다 오줌 쌌니?

Is this your hairball?
이게 네 털뭉치야?

You did this on purpose, didn't you?
너 일부러 그랬지?

Only a cat would use a sock to cover up his poo.
양말로 제 똥을 덮는 건 고양이밖에 없을 거야.

You ruined everything!
네가 모두 망쳤어!

Get down from the tree!
나무에서 내려와!

Did you bite the telephone cord in half again?
또 전화선을 물어뜯어 반 토막을 냈니?

You've destroyed the Christmas tree!
크리스마스트리를 망쳐 놓았네!

I know you have nine lives, but if you keep this up I am going to take a few of them.
네 목숨이 아홉 개라는 것은 알지만, 계속 이러면 몇 개는 없애 버릴 거야.
('A cat has nine lives.'라는 속담이 있음)

The only thing that you're good at is eating, sleeping and licking yourself all day.
네가 잘하는 것이라고는 하루 종일 먹고 자고 핥는 것밖에 없구나.

15 Look at What My Bad Cat Did

고양이 관찰하기

During the course of owning a cat, you may feel the need to explain certain behaviors or actions about your pet to other family members or friends. Below is a list of common phrases that may describe your cat's notorious behavior. Remember, no matter what your cat has done, he had a reason for doing it, so don't rush to punishment.

고양이를 기르는 동안 가족이나 친구에게 고양이의 어떤 행태나 행동을 설명해야 할 필요를 느낄 것이다. 다음은 고양이의 악명 높은 행동을 표현할 때 흔히 사용되는 구문들이다. 고양이가 어떤 행동을 했든 그에게는 그럴 만한 이유가 있다는 것을 명심하여 섣불리 체벌하지 않도록 한다.

My cat shredded the curtains.
우리 고양이가 커튼을 조각조각 찢어 놓았어.

My cat ripped apart the garbage.
우리 고양이가 쓰레기를 헤쳐 놓았어.

My cat bit me.
우리 고양이가 나를 물었어.

My cat scratched me.
우리 고양이가 나를 할퀴었어.

My cat sprayed all over my son's Lego.
우리 고양이가 내 아들의 레고 위에 온통 오줌을 쌌어.

My cat peed on the carpet.
우리 고양이가 카펫에 오줌을 쌌어.

My cat pooped behind the couch.
우리 고양이가 소파 뒤에 똥을 쌌어.

My cat won't listen to a word I say.
우리 고양이가 내 말은 한마디도 들으려고 하지 않아.

My cat ripped a hole in my sweater.
우리 고양이가 내 스웨터에 구멍을 냈어.

My cat got into a fight.
우리 고양이가 싸웠어.

My cat ripped a hole in our screen door.
우리 고양이가 방충문에 구멍을 내 놓았어.

My cat escaped.
우리 고양이가 도망을 갔어.

My cat chewed through the electrical cord.
우리 고양이가 전선을 잘근잘근 씹어 놓았어.

My cat scratched the furniture.
우리 고양이가 가구를 긁어 놓았어.

My cat ate our bird.
우리 고양이가 새를 잡아먹어 버렸어.

My cat killed a baby bunny rabbit and brought it to me.
우리 고양이가 새끼토끼를 죽여 나한테 가져왔어.

My cat climbed up to the top of the tree and wouldn't come down.
우리 고양이가 나무 꼭대기에 올라가서 내려오려고 하지 않았어.

My cat tried to eat our fish.
우리 고양이가 물고기를 먹어 치우려고 했어.

My cat brought a dead mouse into the house.
우리 고양이가 죽은 쥐를 집안으로 끌고 왔어.

My cat climbed on the counter and ate some of my food.
우리 고양이가 싱크대에 올라가서 내 음식을 먹었어.

My cat shed hair all over the house.
우리 고양이가 집안에 온통 털을 흘렸어.

My cat gave our hamster a heart attack.
우리 고양이 때문에 햄스터가 심장마비로 죽었어.

My cat ruined our dinner.
우리 고양이가 우리 저녁 식사를 망쳐 놓았어.

My cat knocked down the Christmas tree.
우리 고양이가 크리스마스트리를 쓰러뜨렸어.

My cat secretly tried to sabotage the vacuum.
우리 고양이가 몰래 진공청소기를 망가뜨리려고 했어.

My cat hid the dog's toy.
우리 고양이가 개의 장난감을 숨겼어.

My cat killed the neighbor's pet rabbit.
우리 고양이가 이웃집의 애완용 토끼를 죽였어.

16 Look at My Crazy Cat

고양이의 못 말리는 행동

Here are a few common phrases that you might find useful when relating to a friend or family member about your cat's behavior. Cats are mysterious and curious creatures that have a knack for causing trouble around the house while they provide entertainment for all of those who look on.

다음은 친구나 가족에게 고양이의 행동을 설명할 때 활용할 수 있는 몇 가지 표현이다. 고양이는 집 안팎에서 말썽을 일으키는 이해할 수 없고 호기심이 많은 동물이지만, 한편으로는 바라보는 사람들에게 즐거움도 제공한다.

My cat climbs up the screen door.
우리 고양이는 방충문에 기어올라.

My cat claws the curtains.
우리 고양이는 커튼을 잡아 찢어.

My cat rips apart the garbage.
우리 고양이는 쓰레기통을 뒤져.

My cat fights with the dog.
우리 고양이는 개와 싸워.

My cat scratches me.
우리 고양이는 나를 할퀸다니까.

My cat hides from me.
우리 고양이는 내게서 숨어.

My cat runs from the vacuum.
우리 고양이는 진공청소기를 피해 달아나.

My cat hunts.
우리 고양이는 사냥을 해.

My cat spies on our pet bird.
우리 고양이는 애완용 새들을 감시해.

My cat makes me crazy.
우리 고양이는 나를 미치게 만든다니까.

My cat is afraid of the dog.
우리 고양이는 개를 무서워해.

My cat sleeps around.
우리 고양이는 바람둥이야.

My cat plays with mice.
우리 고양이는 생쥐를 가지고 놀아.

My cat tortures mice.
우리 고양이는 생쥐를 괴롭혀.

My cat tries to catch birds.
우리 고양이는 새를 잡으려고 해.

My cat ignores me.
우리 고양이는 나를 무시해.

My cat hides the dog's dish.
우리 고양이는 개밥그릇을 숨겨.

My cat claws the furniture.
우리 고양이는 가구들을 할퀴지.

My cat chews on the electrical cord.
우리 고양이는 전선을 씹어.

My cat chews on my mother's favorite plant.
우리 고양이는 엄마가 가장 아끼는 화초를 씹는다니까.

My cat wages war against the dog.
우리 고양이는 개하고 전쟁을 하지.

My cat tries to get the fish in the fish bowl.
우리 고양이는 어항에서 물고기를 꺼내려 해.

My cat watches his favorite TV program.
우리 고양이는 좋아하는 TV 프로그램을 봐.

My cat sheds hair all over the house.
우리 고양이는 집안에 온통 털을 흩뿌려.

My cat is angry at you.
우리 고양이는 너한테 화가 났어.

My cat is taking his usual fourteen-hour nap.
우리 고양이는 여느 때처럼 낮잠을 자는 중이야.

My cat is dreaming.
우리 고양이는 꿈꾸고 있어.

My cat stalks his own shadow.
우리 고양이는 자기 그림자를 쫓아다녀.

My cat uses the toilet.
우리 고양이는 화장실을 사용해.

My cat is trying to escape.
우리 고양이는 도망가려 하고 있어.

My cat is yowling.
우리 고양이는 구슬프게 울고 있어.

The domestic cat is a small carnivorous mammal. Cats are skilled predators that hunt nearly one thousand different types of food. Cats are especially recognized for their uncanny ability to catch and kill rodents. Cats are also kept for their wonderful companionship. Stroking a cat's coat has been known to relax owners and reduce blood pressure! Below is a brief introduction of cats and some characteristics that belong exclusively to the Felidae family.

집에서 기르는 고양이는 작은 육식성 동물이다. 고양이는 거의 1천 가지의 다양한 먹이를 사냥하는 능숙한 포식자이다. 고양이는 특히 설치류를 잡아 죽이는 데에는 엄청난 능력이 있는 것으로 인정받고 있다. 또한 고양이는 훌륭한 동반자로서의 위치를 유지하고 있다. 고양이의 털을 쓰다듬으면 마음이 편안해지고 혈압이 내려간다고 알려져 있다! 다음은 고양이에 대한 간단한 소개와 고양잇과 동물들만의 특징을 설명한 것이다.

2
Cat
101

고양이 상식

Amazing Cat Facts

놀라운 고양이

All types of cats are members of the family *Felidae*. It was about 40 million years ago that the cat family came away from the rest of the earth [1]mammals, forming one of the oldest mammal families known. All cats, both wild and domesticated, share certain characteristics that are exclusive to the cat family.

Cats are true [2]carnivores. They need a high level of protein in their diets to live healthily. This level is approximately 30 percent. Cats also are [3]deficient in the digestive means to do well on a diet of grains, fruits or vegetables. In fact, if you were searching for a creature that survives by hunting other mammals, you would have trouble finding a better hunter or predator than the cat!

Cats have powerful jaws, long, sharp teeth, and claws that act like [4]switchblades, drawing back into their paws when not in use. Cats hear exceptionally well. Their

17

eyes are [5]adapted for vision in [6]dim light in order to hunt just before dawn and just after dusk, the prime hunting periods.

1 mammal 포유동물　**2 carnivore** 육식 동물　**3 deficient** 모자라는　**4 switchblade** 날이 튀어 오르는 나이프　**5 adapt** 적응시키다　**6 dim** 어둑한

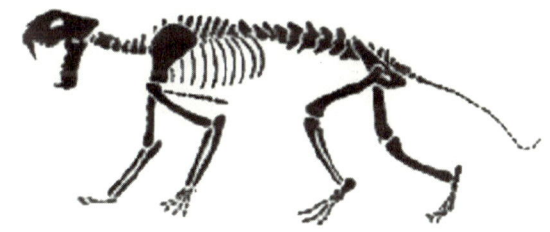

 *Translation*

모든 종류의 고양이는 고양잇과에 속한다. 고양잇과 동물이 육상의 다른 포유동물에서 분화되어 가장 오래된 과 가운데 하나를 형성한 것은 약 4천만 년 전의 일이다. 야생이든 길들여진 것이든 상관없이 모든 고양이는 고양잇과 특유의 성질을 지니고 있다.

고양이는 전형적인 육식동물이다. 그래서 건강을 유지하기 위해서는 단백질이 30퍼센트 정도 함유된 고단백 식사가 필요하다. 한편 고양이는 곡류, 과일, 채소를 소화시킬 수 있는 수단이 부족하다. 사실 다른 포유동물을 잡아먹으면서 생존해 가는 동물 중에서 고양이를 능가하는 동물을 찾아보기는 쉽지 않을 것이다!

고양이는 강력한 턱과 길고 날카로운 이빨, 사용하지 않을 때는 숨겼다가 필요할 때 꺼낼 수 있는 발톱을 가지고 있다. 청력도 놀라울 정도이다. 눈도 또한 사냥하기에 아주 좋은 시간대인 동틀녘이나 황혼 무렵의 어두운 빛에서 잘 볼 수 있도록 적응되어 있다.

18 Cat Senses and Features

고양이의 감각과 특징

Undoubtedly, cats are one of the most interesting pets that humans have domesticated thus far. Cats possess unique and interesting characteristic features that have enabled them to sit high up on the food chain. Below the author has highlighted the main senses and features of the feline.

고양이는 인간이 지금까지 기른 애완동물들 중 가장 흥미로운 동물 중의 하나이다. 고양이는 그들 특유의 재미있는 특징을 지니고 있으며, 그 덕분에 먹이 사슬에서 높은 곳을 차지할 수 있었다. 다음은 고양이의 감각과 특징 중에서 중요한 것들만 간추린 것이다.

Tail Signals

Cats send us signals of communication through tail positions. An entire chapter dedicated to tail positions is located in this book on page 126.

In general, owners can [1]determine whether or not their cat is pleased to meet them, angry, defensive, [2]preoccupied with something else, or even hostile, just by observing their cat's tail posture. As with any pet, when observing, one should take into account the surrounding environment that the pet is in.

꼬리가 나타내는 신호

고양이는 꼬리의 자세를 통해 우리에게 의사소통의 신호를 보낸다. 이 책의 126페이지에서 꼬리의 자세에 관한 내용을 별도로 다루고 있다.

일반적으로 고양이 주인은 단지 고양이의 꼬리만을 보고 고양이가 주인을 보고 기뻐하는지, 화를 내는지, 방어적인지, 딴생각에 정신이 팔려 있는지, 또는 주인에게 적개심을 나타내고 있는지 등을 판단할 수 있다. 여느 애완동물과 마찬가지로, 관찰할 때에는 애완동물이 처해 있는 주위 환경을 고려해야 한다.

Ear Signals

While the tail provides the best compass for determining the mood that your cat is in, the ears can also aid to further understand your cat's [3]disposition.

Cats involved in a [4]confrontation, may [5]hiss and make threatening sounds to an opposing animal, but in order to understand whether or not your cat is in a defensive or aggressive disposition, you need to observe the cat's ears.

A cat with totally flattened ears pointed backwards is defensive. His ears are pointed backward for protection. However, a cat, whose ears are totally flattened with its ear tips slanted forward, is in an aggressive disposition and ready for attack. Cats with confidence position their ears this way to collect as much [6]auditory information as possible to aid themselves when hunting or attacking prey, or other animals, successfully.

귀가 나타내는 신호

꼬리가 고양이의 심리 상태를 파악할 수 있는 최고의 수단을 제공한다면, 귀 또한 고양이의 의향을 더욱 깊이 이해하는 데 도움을 준다.

고양이가 누군가와 대치하고 있을 때 상대 동물을 향해 쉿쉿 하는 소리를 내거나 위협하는 소리를 내기도 하지만, 고양이의 의향이 공격적인지 아니면 방어적인지를 이해하려면 고양이의 귀를 관찰할 필요가 있다.

고양이 귀가 아주 납작해진 채 뒤로 젖혀져 있다면 방어 태세를 취하고 있는 것이다. 방어를 위해 귀가 뒤쪽을 향하고 있다. 그러나 귀가 아주 납작해져 있으나 귓바퀴 부분이 앞쪽으로 기울어져 있다면, 그 고양이는 공격할 의사를 갖고 공격 태세를 갖추고 있는 것이다. 자신감에 찬 고양이는 귀를 이렇게 하여 먹이 또는 다른 동물들을 사냥하거나 공격하는 데 성공하기 위해 필요한 청각 정보를 가능한 대로 많이 수집한다.

Eye Signals

During a confrontation or a [7]standoff situation, the defending cat's [8]pupils are usually [9]dilated. This is done to aid the defender with wider [10]peripheral vision, an advantage for [11]anticipating an attack. The aggressor's pupils, however, narrow to provide them with better depth [12]perception. This is an advantage when calculating where to attack.

According to Roger Tabor, the author of *Cat Behavior, a Complete Guide to Understanding How Your Cat Works,* the slow eye blink is one of the dominant communication signals used by cats to [13]convey reassurance, comfort, encouragement, and affection. Cats most commonly give this signal when they are sitting comfortably, stretched out like the Sphinx. Cats will give their owner a slow eye blink as a way of telling them that they are loved and accepted as an equal cat. Owners can also calm a cat, or simply communicate affection to their favorite feline by giving a slow eye blink as well. In cat language, this means, "I love you."

[14]Conversely, a deep [15]glare or stare directly into your cat's eyes will have the exact opposite effect. Your fine feline friend will quickly feel uneasy and become

threatened. Cats use this stare signal to [16]transcend their counterpart through dominance and communicate territorial boundaries. This partly explains why cats are attracted to people who fear or hate cats. These people generally will avoid eye contact with the feline. The cat senses this and approaches to [17]affirm dominance and [18]supremacy through [19]intimidation.

눈으로 나타내는 신호

맞대결이나 교착 상태에서 방어를 하는 고양이의 경우 동공은 보통 커진다. 그것은 방어자가 주변 시야를 폭넓게 확보하기 위한 것이며, 이는 공격을 예측하는 데 유리하다. 그러나 공격자의 경우에는 동공이 작아지면서 더욱 심도 있게 주위를 파악한다. 이는 공격 지점을 계산할 때 유리하다.

《고양이의 행태: 고양이의 행동을 이해하는 데 완벽한 안내서》의 저자인 로저 테이버에 따르면, 고양이가 눈을 천천히 깜박이는 것은 확신을 주고 격려와 애정을 표현하는 주요한 의사 전달 방법의 하나라고 한다. 고양이들은 대부분 스핑크스처럼 편안하게 앉아 있을 때 이러한 행동을 보인다. 고양이는 자기가 공평하게 대우를 받으면서 사랑을 받고 있다는 의사를 표시하기 위해 주인에게 눈을 천천히 깜박일 것이다. 고양이 주인도 또한 자기의 고양이에게 똑같이 눈을 천천히 깜박이면서 고양이를 달래 주거나 애정을 표현한다. 이것은 고양이 언어로 "너를 사랑해."라는 의미이다.

반대로, 고양이 눈을 뚫어져라 노려보거나 응시하면 정반대의 효과를 낳는다. 착한 고양이라도 바로 불안해 하며 위협을 느낄 것이다. 고양이들은 이런 응시를 통해 상대방과의 대결에서 주도권을 잡고 자신의 영역을 알린다. 고양이가 자신을 두려워하거나 미워하는 사람들에게 왜 끌리는지 이것으로 부분적으로 설명할 수 있다. 고양이를 두려워하거나 미워하는 사람들은 보통 고양이와 눈을 마주치는 것을 피하려 하는데, 고양이는 이를 감지하고 그들에게 다가가 위협을 통해 주도권과 우위를 확인하려고 한다.

Hearing

The outer ear of the cat is connected by 27 muscles. This series of muscles allows for the ear to [20]rotate like a radar dish and [21]scan for auditory information.

Cats can hear sound at higher [22]frequencies than canines. They are able to hear the barely auditable

squeaks of a mouse and zero in on its location,
calculating the exact distance to the target by
[23]discriminating sound [24]intensity and [25]intervals. In fact,
33.3% of cats successfully catch a mouse on their first
pounce!

청각

고양이의 외이(外耳)는 27개의 근육으로 연결되어 있다. 이들 일련의 근육을 이용하여 귀를 레이더의 접시처럼 회전시켜 청각 정보를 빠짐없이 수집한다.

고양이들은 갯과 동물보다 더 높은 주파수의 소리를 들을 수 있다. 그들은 희미한 생쥐의 찍찍거리는 소리까지 들을 수 있고, 소리의 강도와 간격을 구별하여 목표까지의 정확한 거리를 계산함으로써 쥐의 정확한 위치를 파악할 수 있다. 실제로 첫번째 공격으로 쥐를 잡는 성공률이 33.3%에 달한다!

Vision

The frontal location of the cat's eyes indicates the type
of animal that the cat is. It is a [26]predator that relies on
its keen senses to locate, track, and kill prey.
Comparatively speaking, rabbits are quite the opposite
with regard to the location of the eyes. For rabbits, a
middle location enables the rabbit to have a wider
peripheral vision, thus able to spot predator movement
from nearly all directions.

Cats have the largest eye to head ratio of any mammal
on earth and have motion detectors built into their eyes
to aid when locating prey. Prey and toys must move for
a cat to actually see them well. Although cats can see
exceptionally well in dim light, they cannot see any
better than humans in total darkness.

시각

고양이 눈이 앞부분에 있다는 것은 고양이가 어떠한 유형의 동물인지를 알려 준다. 고양이는 예리한 감각에 의존하여 먹이를 찾아내고 쫓아가 죽이는 포식자이다. 고양이와 비교해서 말하자면 토끼는 눈의 위치가 정반대이다. 토끼의 경우, 눈이 중앙에 있어 더욱 넓은 시야를 확보할 수 있기 때문에 거의 모든 방향에서 포식자의 움직임을 파악할 수 있다.

고양이는 지구상의 그 어떤 포유류보다 머리 크기에 비해 큰 눈을 가지고 있고, 그 눈의 동작 감지기로 먹이를 찾는다. 실제로 고양이가 잘 보려면 먹이나 장난감이 움직여야 한다. 고양이는 어둑한 빛에서도 시력이 아주 좋지만, 아주 깜깜한 곳에서는 인간보다 나을 것도 없다.

Whiskers

A cat's [27]whiskers are radar-like extensions that detect the smallest changes in the environment. Whiskers are [28]embedded three times as deep into the cat's skin as his outer fur coat and are twice the thickness.

Whiskers are an extra navigational tool that move to collect environmental information. When touched, cats are [29]prompted to blink to protect their eyes. There are 24 whiskers located on the cat's [30]muzzle, twelve on each side and in four rows.

수염

고양이의 수염은 레이더 같은 신장 부분으로서 아주 미세한 환경의 변화까지 감지할 수 있다. 고양이의 수염은 털과 비교할 때 피부에 세 배나 깊숙이 박혀 있고, 굵기는 두 배에 달한다.

수염은 추가적인 방향 탐지 도구로서, 주변 환경의 정보를 수집하기 위해 움직인다. 수염을 건드리면, 고양이들은 곧 눈을 보호하기 위해 깜박인다. 고양이 코끝에 스물네 올의 수염이 있는데, 한쪽에 네 줄씩 열두 올이 있다.

The Sense of Smell

The sensory world that a cat lives in is much different than ours. Cats use their keen sense of smell to identify objects, their environment, and individuals; at levels humans cannot. The human sense of smell is dull in comparison to that of the cat. Humans have approximately five million odor-sensitive cells in their noses, compared to the cat's two hundred million.

A cat's sense of smell plays a significant role in feline behavior. Cats may [31]interact differently with their environment depending on a scent. For example, cats often scratch new furniture to claim it as their territory by [32]emitting a scent through their claws. Next time you [33]scold your feline for scratching the couch without reason, think again. Your couch just doesn't smell right to the cat.

후각

고양이의 감각 세계는 우리와 다르다. 고양이들은 예민한 후각을 이용하여 인간은 할 수 없는 수준에서 물체, 환경, 개체를 구별한다. 인간의 후각은 고양이의 것과 비교할 때 둔하다. 인간은 코 안에 약 500만 개의 후각 세포를 가지고 있는 반면, 고양이는 2억 개를 가지고 있기 때문이다.

고양이의 후각은 행동에 중요한 영향을 미친다. 고양이는 냄새에 따라 다르게 환경에 대해 행동한다. 예컨대 고양이들은 종종 새 가구를 긁어 발톱을 통해 냄새를 남김으로써 자신의 영역을 표시한다. 다음에 고양이가 아무런 이유 없이 소파를 긁어 혼을 낼 요량이면, 다시 한 번 생각해 보라. 소파의 냄새가 고양이에게 마땅치 않을 뿐이니까.

1 **determine** 결정하다, 정하다 2 **preoccupied** 딴생각에 정신이 팔린 3 **disposition** 기질, 의향 4 **confrontation** 대결, 대면 5 **hiss** (고양이 등이) 쉿쉿 하는 소리를 내다 6 **auditory** 청력의, 귀의 7 **standoff** 막다름, 교착 상태 8 **pupil** 눈동자 9 **dilate** 넓히다 10 **peripheral** 주위[주변]의 11 **anticipate** 예상하다 12 **perception** 지각 13 **convey** 전달하다 14 **conversely** 반대로 15 **glare** 노려보다 16 **transcend** 넘다, 초월하다 17 **affirm** ~라고 주장하다 18 **supremacy** 최고, 우위 19 **intimidation** 으름, 위협 20 **rotate** 회전하다 21 **scan** 자세히[꼼꼼히] 살피다 22 **frequency** 주파수 23 **discriminate** 구별하다 24 **intensity** 강렬(함) 25 **interval** (시간의) 간격 26 **predator** 포식자 27 **whisker** (고양이·쥐 등의) 수염 28 **embed** 깊숙이 박다 29 **prompt** 자극하다 30 **muzzle** (개·말·고양이 등의) 코끝 31 **interact** 상호 작용하다 32 **emit** (액체·냄새 등을) 내뿜다 33 **scold** 야단치다

Comprehension Questions

1. **What can a cat owner discern about his or her pet by observing tail postures?**
   고양이 주인은 고양이 꼬리의 모양을 보고 무엇을 알 수 있는가?

2. **If both frightened and aggressive felines position their ears flat, what additional observations would aid in determining the disposition of a cat with flattened ears?**
   만약 놀라 공격적이 된 고양이가 귀를 납작하게 한다면, 그 고양이의 의향을 파악하기 위해 어떤 것을 관찰하는 것이 도움이 되겠는가?

3. **How can you say, "I love you," to your cat with eye signals?**
   고양이에게 '사랑해' 라는 표현을 눈으로 어떻게 나타낼 것인가?

4. **What do we learn about the cat from observing the position of its eyes in relation to its head?**
   머리의 어느 위치에 눈이 있는가를 관찰함으로써 무엇을 알 수 있는가?

5. **How do whiskers help a feline to collect information about the surrounding environment?**
   수염은 고양이가 주위 환경에 관한 정보를 수집하는 데 어떻게 도움이 되는가?

6. **Why might a cat scratch the fresh smelling new furniture or fabrics in a house?**
   고양이가 집의 새 가구나 천을 긁는 이유는 무엇일까?

The History of the Domesticated Cat

고양이 길들이기의 역사

Throughout the course of time, cats have evolved from being simple tree climbing carnivores, to Gods of worship, to being considered evil, and to finally finding their place as the number one pet in the world. Below is a concise but remarkable history of the [1]domesticated cat [2]encompassing a span of approximately 50 million years. It is the author's hope that readers will further bond with and understand their feline companions after learning some of the history of the domesticated house cat.

오랜 세월에 걸쳐 고양이는 단순히 나무를 기어오르는 육식동물에서부터 신 또는 숭배의 대상, 심지어 악마로까지 인식되다가 마침내 전세계에서 가장 인기 높은 애완동물로 발전해 왔다. 다음은 약 5천만 년에 걸친 고양이 길들이기의 놀라운 역사를 간략하게 정리한 것이다. 고양이 길들이기의 역사에 대해서 알고 나면 고양이와 더욱 친밀해지고 잘 이해하게 될 것이다.

50 million years ago: The Miacis

The Miacis were small weasel-sized, tree-climbing carnivores that most likely lived in a [3]den. It is the [4]forebear of the cat, raccoon, bear, hyena, and civet, as well as, the wolf, fox, jackal, and dog. The Miacis had a long [5]slender body, an even longer tail, and short legs.

미아키스는 나무를 잘 타는 족제비 정도 크기의 육식동물이며, 동굴에서 주로 살았다. 미아키스는 늑대, 여우, 자칼, 개는 물론, 고양이, 너구리, 곰, 하이에나, 사향고양이의 조상이다. 미아키스는 호리호리한 몸매를 가지고 있었으며, 꼬리는 아주 길고 다리는 짧았다.

32 million years ago: The Dinictis

The Dinictis were very [6]agile and had long bodies. This cat found plenty of food on the [7]ancient plains of North America with its overpowering strong teeth and claws. Attacks by this cat are thought to have been [8]vicious. Because of their long saber-like teeth, the *Dinictis* may have been a close relative of the Saber-toothed Tiger.

3200만 년 전: 디닉티스
디닉티스는 매우 민첩한 동물이었으며 몸이 길었다. 이 고양이는 엄청난 힘을 가진 이빨과 발톱을 이용하여 고대의 북아메리카 평원에서 많은 먹이를 잡았다. 그 공격은 잔인했으리라 생각되고 있다. 긴 칼처럼 생긴 이빨 때문에 디닉티스는 아마도 검치호와 가까운 친척이었을 것이다.

1500 BC: Egyptian Deities

Cats during this time were captured from the wild as kittens and raised domestically for the first time. They were at first used to help hunt but were later [9]worshipped as [10]divine creatures. Cats were protected by law and to harm or kill a cat would be cause for extreme punishment, sometimes even death. Many Egyptian cats were [11]mummified after death, and as a sign of [12]mourning, owners often shaved off their own eyebrows.

기원전 1500년: 이집트의 신
이때 처음으로 새끼고양이를 야생 상태에서 잡아 집에서 키우기 시작했다. 처음에는 사냥을 돕는 데 이용되었지만, 나중에는 성스러운 동물로 숭배되었다. 고양이들은 법으로 보호되었고, 고양이를 해치거나 죽이면 중벌이 가해졌는데, 사형까지 당하는 경우도 있었다. 이집트의 많은 고양이들은 사후에 미라가 되었으며, 주인은 흔히 애도의 표시로 자신의 눈썹을 밀었다.

900 BC: European Mousers

Phoenician traders traveling to Europe frequently used cats to hunt and kill [13]rodents. The independent behavior of cats, and their [14]innate ability to control pests such as rats and mice quickly, [15]escalated their popularity across Europe. Cats became widely domesticated and were put to work to catch rodents.

기원전 900년: 유럽의 쥐 잡는 고양이
유럽을 여행하는 페니키아 무역상들은 자주 고양이를 이용하여 설치류들을 잡거나 죽였다. 고양이의 독립적인 행동과 들쥐나 쥐 같은 해충을 방제하는 그들의 선천적인 능력으로 인해 전 유럽에 걸쳐 고양이의 인기가 높아졌다. 고양이는 널리 사육되어 설치류를 잡는 데 이용되었다.

The Middle Ages (14th - 16th century Europe)

At the peak of their popularity in the early Middle Ages, cats were widely domesticated in nearly every country across Europe. At this time, cats were associated with the [16]Norse goddess, Freya, and were still considered to be somewhat divine but without the supreme status that they once held in Egypt.

It was not long after Christianity became the [17]dominate religion in Europe that worship of the Norse gods became forbidden. Friday became known as the Black Sabbath, and the cat was no longer considered divine. The once [18]sacred symbol of the feline transformed into a new symbol of evil and the Devil. Cats were tortured and killed, causing the entire population to shrink by nearly 90%.

The [19]eradication of the cat from Europe led to an [20]overwhelming jump in the rodent population that spurred spread of the [21]Black Plague, causing an extraordinary loss of humans in Europe.

중세 (14~16세기 유럽)

중세 초기에 고양이의 인기가 절정에 이르렀을 때, 유럽의 거의 모든 나라에서 고양이가 널리 사육되었다. 당시에 고양이는 고대 노르웨이의 여신 프레야와 관련이 있는 것으로 여겨졌으며, 이집트 시대에서와 같은 최고의 지위는 누리지 못했지만 여전히 성스러운 동물로 간주되었다.

기독교가 유럽 지역에서 지배적인 종교로 자리 잡은 지 얼마 되지 않아 고대 노르웨이 신들에 대한 숭배가 금지되었다. 금요일은 검은 안식일로 알려졌으며, 고양이는 더 이상 성스러운 존재로 여겨지지 않았다. 한때 신성하게 여겨진 고양이의 상징이 악마와 악의 상징으로 바뀌었다. 고양이는 괴롭힘과 죽임을 당해 전체 고양이의 90%가 사라졌다.

유럽에서 고양이가 사라지면서 설치류의 수가 엄청나게 늘어나 흑사병이 더욱 만연하게 되어 유럽 내 수많은 사람들이 목숨을 잃었다.

17th century: Rodent Controllers

During the 17th century, cats slowly began to regain their popularity but without their [22]longstanding status as being divine creatures. This time, cats were merely employed for their [23]uncanny, innate ability to successfully catch and kill rodents.

Cats became widely used on merchant trade ships and were important members of the crew. Many of these domesticated, rodent-controlling felines made their way to America, and their popularity grew.

17세기: 설치류 잡는 고양이

17세기 동안 고양이는 서서히 이전의 인기를 되찾기 시작했지만, 오랫동안 유지해 왔던 성스러운 동물로서의 지위는 없었다. 이번에는 단지 설치류를 성공적으로 잡아 죽일 수 있는 고양이의 선천적인 놀라운 능력 때문이었다.

고양이들은 상선에서 널리 이용되었고, 선원처럼 중요한 역할을 했다. 설치류를 잡는 이런 사육 고양이들 중 다수가 미국으로 건너갔고, 인기도 높아졌다.

18th century - present day: Popular Pet

Although still very effective [24]mousers, and continually employed to control rodents, the role of the cat evolved into that of a domesticated household pet. The popularity of cats quickly grew, and in 1987, cats [25]dethroned dogs as the most popular pet in North America. Approximately 37% of American homes today have at least 1 cat as a pet.

The popularity of cats has grown worldwide and some of their former [26]stereotypes continue to [27]linger. Some still believe that they are divine creatures or at least royalty amongst other animals, while others maintain that they are evil. The majority of people, however, just consider cats as clever companions.

18세기~현재: 인기 높은 애완동물

고양이가 쥐와 설치류를 잡는 효과적인 수단으로 여전히 이용되지만, 가정의 애완동물로 그 역할이 발전되었다. 고양이의 인기는 급속히 높아졌으며, 1987년에는 개를 쫓아내고 북아메리카에서 가장 인기 있는 동물의 왕좌를 차지했다. 오늘날 미국 가정의 37% 정도가 애완동물로 적어도 한 마리 이상의 고양이를 키우고 있다.

고양이의 인기는 전세계로 퍼져 나갔으며, 고양이에 대한 몇 가지 고정 관념들도 여전히 존재한다. 고양이가 성스러운 동물이거나 적어도 동물들 가운데 왕족이라고 믿는 사람이 있는 반면, 고양이가 사악하다고 주장하는 사람도 있다. 그러나 대다수 사람들은 고양이를 그냥 영리한 동반자로 생각한다.

1 domesticate 동물을 길들이다, 가축화하다 **2 encompass** 포함하다 **3 den** 동굴 **4 forebear** 조상, 선조 **5 slender** 호리호리한 **6 agile** 민첩한, 기민한 **7 ancient** 고대의 **8 vicious** 악덕의, 부도덕한 **9 worship** 숭배하다 **10 divine** 신의, 성스러운 **11 mummify** 미라로 만들다 **12 mourn** 애도하다 **13 rodent** 설치류 동물 (쥐 · 다람쥐 등) **14 innate** 타고난, 천성의 **15 escalate** 단계적으로 확대시키다 **16 Norse** 고대 노르웨이의

17 dominate 우위를 차지하는 **18 sacred** 신성한 **19 eradication** 근절, 박멸
20 overwhelming 압도적인, 대항할 수 없는 **21 Black Plague** 1664~65년 런던을 휩쓸었던 페스트(전염병) **22 longstanding** 예전부터의, 오래 계속되는 **23 uncanny** 신비로운
24 mouser 쥐를 잡는 동물(고양이·올빼미 등) **25 dethrone** (왕을) 폐위하다, 권위 있는 지위에서 몰아내다 **26 stereotype** 고정관념 **27 linger** 꾸물거리다, 머뭇거리다

Comprehension Questions

1. Aside from the cat, name two other animals that are descendents of the Miacis.

고양이 외에, 미아키스의 후손인 동물 두 가지를 적으시오.

2. The powerful and agile Dinictis dominated the ancient plains of North America. What other extinct cat is it sometimes compared to?

힘이 세고 민첩한 디닉티스가 고대의 북아메리카 평원을 지배했다. 때때로 디닉티스와 비교되는 또 다른 멸종된 고양이는 무엇인가?

3. Why would ancient Egyptians shave their eyebrows?

고대 이집트인이 눈썹을 민 이유는 무엇인가?

4. Who were the first group of people to introduce domesticated cats to Europe?

길들여진 고양이를 최초로 유럽으로 가지고 온 사람들은 어떤 부류였나?

5. What events in Europe caused people to consider cats evil?

유럽에서 고양이를 사악하다고 생각하게 만든 계기가 된 사건은 무엇인가?

6. How did the eradication of cats indirectly cause the Black Plague to spread faster?

고양이가 사라진 것이 흑사병을 빠르게 전염시키는 데 어떻게 간접적인 영향을 끼쳤는가?

7. When and how did cats make their comeback in popularity?

고양이의 인기는 언제, 어떻게 회복되었는가?

8. When and what animal did cats overtake to become the most popular pet in North America?

고양이는 언제, 어느 동물을 제치고 북아메리카에서 가장 인기 있는 애완동물이 되었는가?

20 Physiological Cat Trivia

생리학적 · 신체적 특징

1. A cat drinks by scooping the liquid up backwards.
   고양이는 물을 떠서 뒤로 넘기면서 마신다.

2. A cat has four rows of whiskers on each side, totaling twenty-four whiskers. Cats use their whiskers for measuring distance.
   고양이는 양쪽에 네 줄씩, 총 24올의 수염이 있다. 고양이들은 이 수염을 이용하여 거리를 측정한다.

3. A cat's range of vision is about 185 degrees.
   고양이의 가시 각도는 약 185도이다.

4. A cat's tail is the main source of balance and communication.
   고양이의 꼬리는 균형과 의사 표현의 중요한 수단이다.

5. A domestic cat can run at a top speed of about 31 miles per hour.
   길들여진 고양이는 최고 시간당 31마일(약 49.6km)의 속도로 달릴 수 있다.

6. A newly born kitten will typically weigh about 3 ounces.
   갓 태어난 새끼고양이의 무게는 일반적으로 3온스(90g)이다.

7. Cats breathe approximately 20-40 times per minute.
   고양이는 분당 약 20~40회 호흡을 한다.

8. Cats bury their feces to hide their scents from predators.

   고양이는 배설물을 땅에 묻어 포식자로부터 자기의 체취를 숨긴다.

9. Cats cannot see in total darkness. They use their sense of smell and their whiskers to maneuver.

   고양이는 아주 깜깜한 곳에서는 볼 수가 없으며, 후각과 수염을 이용하여 대처한다.

10. Cats have 30 teeth, including 12 incisors, while dogs have a total of 42 teeth.

    개가 총 42개의 이빨을 가지고 있는 반면, 고양이는 30개의 이빨(12개의 앞니 포함)을 가지고 있다.

11. Cats have a special scent organ located in the roof of their mouths, which is called the Jacobson's organ. It analyzes smells.

    고양이는 입천장에 야콥슨 기관이라는 특별한 후각 기관을 가지고 있다. 이 기관은 냄새를 분석한다.

12. Cats lose nearly equal amounts of fluid while grooming as they do through urination.

    고양이는 세수하는 데 소변과 거의 같은 양의 수분을 소비한다.

13. Cats purr at the same frequency as an idling diesel engine, about 26 cycles per second.

    고양이는 공회전하는 디젤 엔진의 회전수(초당 약 26회)와 같은 빈도로 가르랑거린다.

14. Cats see about 6 times better than a human in dim light.

    고양이는 어두운 빛에서 사람보다 약 6배 더 잘 본다.

15. Cats walk on their toes.

    고양이는 발뒤꿈치를 들고 걷는다.

16. Domesticated cats purr both while inhaling and exhaling.

    집고양이는 숨을 들이쉴 때와 내쉴 때 모두 가르랑거린다.

17. In comparison to their body size, cats have the

largest eyes of any mammal.
몸의 크기와 비교하여 보면 고양이의 눈은 포유동물 중에서 가장 크다.

18. Nearly 10% of a cat's bones are in its tail.
고양이 뼈의 10% 정도는 꼬리에 있다.

19. The average body temperature for a healthy cat is 102 degrees Fahrenheit.
건강한 고양이의 평균 체온은 화씨 102도(섭씨 38.9도)이다.

20. The average cat can jump up to 5 times its own height.
평균적으로 고양이는 자신의 키보다 5배 높이 뛰어오를 수 있다.

21. The average heart of a cat beats 195 times per minute.
고양이의 평균 맥박은 분당 195회이다.

22. The pet cat is the only species able to hold its tail vertically while walking.
애완 고양이는 걸을 때 꼬리를 수직으로 세울 수 있는 유일한 동물이다.

23. There are currently about 100 different breeds of the domestic cat.
현재 약 100종의 집고양이가 있다.

21 Historical Cat Trivia

역사 및 일화

1. Ancient Egyptians often shaved their eyebrows in mourning over the loss of a family cat.

   고대 이집트인들은 가족이 키우던 고양이가 죽으면 애도의 표시로 흔히 자신들의 눈썹을 밀었다.

2. Ancient Egyptians made mummies of cats, and embalmed mice were placed with them in their tombs.

   고대 이집트인들은 고양이를 미라로 만들었고, 그들의 무덤에 약품 처리를 한 쥐들을 함께 묻어 주었다.

3. Ancient Egyptians were the first to domesticate cats in about 3000 BC. They were used to control pests and aid in hunting.

   고대 이집트인들은 고양이를 길들이기 시작한 최초의 사람들이며(약 기원전 3000년), 해충을 방제하고 사냥을 돕는 데 고양이를 이용했다.

4. Approximately 40-50 million years ago, there lived small tree-living cats called Miacis.

   약 4000~5000만 년 전에 미아키스라는 작은 고양이가 나무에서 살았다.

5. Cats have only been domesticated for nearly half as long as dogs.

   고양이를 기른 역사는 개와 비교할 때 그 절반밖에 되지 않는다.

6. During celebrations for a Siam King, a cat would ride in a chariot at the head of a parade.

   시암 국왕의 축하 행사 동안 고양이는 퍼레이드의 맨 앞쪽에 있는 수레에 타곤 했다.

7. In 1894, the first Siamese cats were brought to England for breeding.
   1894년, 최초의 시암고양이가 교배를 위해 영국으로 보내졌다.

8. In ancient Egypt, killing a cat was a serious crime, punishable by death.
   고대 이집트에서는 고양이를 죽이는 것이 사형까지 받을 수 있는 중죄였다.

9. It is thought that around 900 BC ancient cargo ships brought the first domesticated cats to Europe.
   기원전 900년경에 고대 화물선이 길들여진 고양이를 최초로 유럽으로 데리고 왔으리라 생각된다.

10. Pilgrims were the first to introduce domesticated cats to North America.
    길들여진 고양이를 북아메리카에 최초로 들여온 사람들은 필그림 파더스였다.

11. Since 1930, the overall life of a cat had doubled from 8 to 16 years.
    1930년 이래로 고양이의 수명은 8년에서 16년으로 두 배 늘었다.

12. The African wildcat is the ancestor of all domestic cats, and it still lives today!
    아프리카살쾡이가 모든 길들여진 고양이의 조상이며, 이 살쾡이는 지금도 살아가고 있다!

13. The first formal American cat show was held in 1895.
    1895년에 미국 최초의 공식적인 고양이 쇼가 열렸다.

14. The first formal European cat show was held in London, England at the Crystal Palace in 1871.
    1871년, 영국 런던의 크리스틸팰리스에서 유럽 최초의 공식적인 고양이 쇼가 열렸다.

15. The Maine Coon is America's only natural breed of cat.
    메인쿤은 미국이 원산지인 유일한 고양이 품종이다.

22 Cat Behavior and Nutritional Trivia

행동, 건강, 영양

1. A constant diet of dog food can cause a cat to go blind due to the lack of taurine.
   개 사료를 계속 먹이면, 고양이는 타우린 성분의 부족으로 눈이 멀 수 있다.

2. Approximately 20% of cats do not get "high" from catnip.
   고양이 가운데 약 20%는 캐트닙에 흥분하지 않는다.

3. Cats are 33.3% successful on their first pounce when hunting mice.
   고양이가 한 번의 공격으로 생쥐를 잡을 수 있는 확률은 33.3%이다.

4. Cats are only fully awake for 6-8 hours a day.
   고양이가 완전히 깨어 있는 시간은 하루에 6~8시간뿐이다.

5. Cats respond most readily to names that end in an "ee" sound.
   고양이는 '이' 소리로 끝나는 이름에 가장 잘 반응한다.

6. Cats sleep 16-18 hours per day.
   고양이는 하루에 16~18시간 잠을 잔다.

7. Cats spend nearly 30% of their lives grooming.
   고양이는 몸을 다듬는 데 생의 30% 시간을 보낸다.

8. Cats with long, lean bodies are more likely to be outgoing.
   가늘고 긴 몸을 지닌 고양이는 외향적일 가능성이 많다.

9. Fat must be part of a cat's diet, because they cannot produce it on their own.

고양이는 지방을 스스로 만들어내지 못하기 때문에 반드시 먹이에 포함되어야 한다.

10. It is possible for each of the kittens in a cat litter to have a different father.

한배에서 나온 새끼고양이들의 아비가 각각 다를 수도 있다.

11. Milk causes diarrhea in some cats.

고양이에 따라 우유가 설사를 일으키는 경우도 있다.

12. Most cats love to eat smelly fish or sardines.

대부분의 고양이는 정어리 등 비린내 나는 생선을 좋아한다.

13. Purring does not always mean that all is good. Some cats purr when they are in extreme pain.

가르랑거린다고 모두 좋은 것만은 아니다. 어떤 고양이는 너무 고통스러울 때 가르랑거리기도 한다.

14. The average cat food meal is the equivalent to about five mice.

평균적인 고양이의 한 끼분은 생쥐 다섯 마리 정도이다.

15. The pregnancy term for a cat lasts approximately 9 weeks.

고양이의 수태 기간은 약 9주이다.

16. Tuna lacks taurine, an essential nutrient required for good cat health.

참치에는 고양이의 건강에 필수적인 타우린이란 영양분이 부족하다.

17. When a cat is frightened, stroking his forehead will calm him down.

고양이가 놀랐을 때 이마를 쓰다듬어 주면 안정을 찾을 것이다.

18. When cats are in extreme pain, they shiver.

고양이는 매우 고통스러울 때 몸을 떤다.

23 Cats and the Human Connection

고양이와 인간의 관계

1. According to a Gallup poll, most Americans become cat pet owners by adopting strays.
   갤럽 조사에 의하면, 대다수 미국인들은 길 잃은 고양이를 기르면서 고양이를 애완동물로 키우게 된다고 한다.

2. Approximately 37% of American homes today have at least 1 cat.
   오늘날 미국 가정의 약 37%가 한 마리 이상의 고양이를 키운다.

3. Cat bites are more infectious than dog bites.
   고양이가 문 상처가 강아지가 문 상처보다 감염성이 높다.

4. Cats and humans have identical regions in the brain responsible for emotion.
   고양이와 인간의 뇌에서 감정을 담당하는 영역이 동일하다.

5. A cat can locate the direction of a sound approximately 10 times faster than a dog can.
   고양이는 소리의 방향을 찾아내는 데 개보다 약 10배 정도 빠르다.

6. Cats have 230 bones. Humans have 206.
   고양이는 230개의 뼈, 인간은 206개의 뼈로 구성되어 있다.

7. Cats have 30 vertebrae. Humans have 25.
   고양이는 30개의 척추, 인간은 25개의 척추로 구성되어 있다.

8. Cats have a total of 32 muscles that control their ears. Humans have 6.

   고양이는 귀를 조절하는 근육이 전부 32개이고, 인간은 6개이다.

9. Cats respond better to women than to men, because a woman's voice is generally higher pitched.

   일반적으로 여성의 목소리 톤이 높기 때문에, 고양이는 남성보다 여성의 목소리에 빨리 반응한다.

10. In 1987, cats surpassed dogs as the number one pet in America.

    1987년에 고양이는 개를 제치고 미국에서 가장 인기가 높은 애완동물이 되었다.

11. It is a scientific fact that petting a cat can lower human blood pressure.

    고양이를 쓰다듬으면 인간의 혈압이 내려갈 수 있다는 것은 과학적인 사실이다.

12. Just like people, cats have AB blood groups.

    사람처럼 고양이에게도 AB혈액형이 있다.

13. Napoleon and Hitler both hated cats.

    나폴레옹과 히틀러는 모두 고양이를 싫어했다.

14. On average, $2 billion are spent on cat food each year in the United States.

    미국에서는 매년 고양이 사료로 평균 20억 달러가 쓰인다.

15. Sir Isaac Newton, Chopin, Buddha, Mohammed, and Ernest Hemingway were all cat lovers.

    뉴턴, 쇼팽, 부처, 마호메트, 어니스트 헤밍웨이는 모두 고양이를 사랑했다.

16. The brain of a cat is more similar to the brain of a human than a dog's is.

    고양이의 뇌가 개의 뇌보다 인간의 뇌와 더 비슷하다.

24 Other Odd Cat Facts

기타

1. **A type of AIDS exists in cats.**
   고양이에게도 일종의 AIDS가 존재한다.

2. **Black cats are considered to be good luck in England.**
   검은 고양이는 영국에서 행운의 징조로 생각된다.

3. **Cat litter was invented in 1947 by Edward Lowe. In 1990, Mr. Lowe sold his business for $200 million.**
   고양이의 오물통은 1947년 에드워드 로에 의해서 발명되었다. 1990년, 로 씨는 자신의 사업체를 2억 달러에 매각했다.

4. **Cats can contract cancer and die from it.**
   고양이도 암에 걸려 죽을 수 있다.

5. **Cats can make over one hundred vocal sounds. Dogs can only make about ten.**
   개가 열 가지 목소리밖에 낼 수 없는 반면, 고양이는 백 가지가 넘는 목소리를 낼 수 있다.

6. **Cats tend to play best in even numbers.**
   고양이는 짝수일 때 매우 잘 노는 경향이 있다.

7. **During the first world war, cats lived in the trenches with soldiers. They killed mice.**
   제1차 세계대전 동안 고양이들은 참호에서 병사들과 함께 살았다. 그들은 쥐를 죽였다.

8. **Many of the silks that are made in Baghdad were inspired by cat fur markings. These fabrics were called "Tabby" by European traders.**
   바그다드에서 생산된 실크의 다수는 고양이 털가죽의 무늬에서 영감을 얻은 것이다. 이들

직물을 유럽의 상인들은 '태비' 라고 불렀다.

9. Research at the University of Michigan indicates that the memory of cats is about two hundred times stronger than that of dogs.

미시간 대학이 실시한 연구에 따르면, 고양이의 기억력은 개의 기억력보다 약 200배 좋다고 한다.

10. Six-toed kittens are so common in Boston, USA that experts consider them an established mutation.

미국 보스턴에는 6개의 발가락을 가진 새끼고양이가 아주 흔해 전문가들은 그것을 돌연변이로 간주한다.

11. The cat is the only domesticated animal that is not mentioned in the Bible.

고양이는 길들여진 동물 가운데 성경에 언급되지 않은 유일한 동물이다.

12. The cat-flap door was invented by Sir Issac Newton.

고양이 출입문은 아이삭 뉴턴에 의해 발명되었다.

13. The urine of a cat glows under a black light.

고양이의 오줌은 비가시광선 아래에서 반짝거린다.

14. Tylenol and chocolate are poisonous to cats.

타이레놀과 초콜릿은 고양이에게 독이 된다.

25 Cat Quiz
퀴즈

How well have you been reading? The following quiz is comprised of 35 trivia questions from each of the 5 different trivia categories. Good luck!

고양이에 대해 얼마나 더 알게 되었는가? 앞의 5개 장에서 35개의 문제가 제시된다. 행운이 있기를!

A. Test your cat physiological trivia by correctly answering TRUE (T) or FALSE (F) for the statements below.

다음 고양이의 생리학적 · 신체적 특징을 읽고 맞으면 T, 틀리면 F를 써 넣으시오.

1. Cats can see in total darkness. (   )
   고양이는 완전히 깜깜한 곳에서 볼 수 있다.

2. The average cat can jump 5 times its own height. (   )
   평균적인 고양이는 자기 키의 5배 높이까지 점프할 수 있다.

3. 15% of a cat's bones are in its tail. (   )
   고양이 뼈의 15%가 꼬리에 있다.

4. Cats have 42 teeth. (   )
   고양이는 42개의 이빨을 가지고 있다.

5. The average cat's heart beats 195 times per minute. (   )
   고양이의 평균 맥박 수는 분당 195회이다.

6. There are currently 320 different breeds of domestic cats worldwide. (   )

현재 전세계에는 320개 품종의 집고양이가 있다.

7. Cats have the largest eye to body ratio of any mammal on earth. (   )

고양이는 지구상의 포유류 가운데 몸의 크기에 비해 눈이 가장 크다.

B. Test your historical cat trivia by answering the following questions correctly.

고양이 역사 및 일화에 관한 다음의 질문에 답하시오.

1. Who were the first to domesticate cats and why?

고양이를 최초로 길들이기 시작한 사람들은 누구이며 왜 그랬는가?

2. When were the first Siamese cats brought to England for breeding?

시암고양이들이 최초로 교배를 위해 영국으로 보내진 때는 언제인가?

3. Where did the first known cat show take place?

최초로 알려진 고양이 쇼는 어디에서 열렸는가?

4. What did the ancient Egyptians often do when a family cat died?

고대 이집트인들은 키우던 고양이가 죽으면 보통 어떻게 했는가?

C. Test your knowledge of cat behavior, health, and nutritional trivia by answering the questions below correctly.

고양이의 행태, 건강, 영양에 관한 다음의 질문에 답하시오.

1. What can an owner do to calm a frightened cat?

놀란 고양이를 진정시키기 위해 고양이 주인이 할 수 있는 것은 무엇인가?

2. How long is the pregnancy term for a domesticated house cat?
   길들여진 집고양이의 수태 기간은 얼마인가?

3. What can happen to your cat if you feed it a constant diet of dog food?
   개 사료를 계속해서 주면 고양이에게 어떤 일이 벌어지며, 그 이유는 무엇인가?

4. What types of sounds do cats most readily respond to?
   고양이는 어떤 소리에 가장 잘 반응하는가?

D. Test your cat behavior, health, and nutritional trivia by correctly answering TRUE (T) or FALSE (F) for the statements below.
   고양이의 행태, 건강, 영양에 대한 다음 진술을 읽고 맞으면 T, 틀리면 F를 써 넣으시오.

1. Cats successfully hunt mice on their first pounce 60.2% of the time. (   )
   고양이가 한 번의 공격으로 쥐를 잡는 성공률은 60.2%이다.

2. Cats are fully awake 16-18 hours a day. (   )
   고양이는 하루에 16~18시간 동안 완전히 잠에서 깨어 있다.

3. Cats must have fat in their diets, because they cannot produce it on their own. (   )
   고양이는 지방을 스스로 생성하지 못하기 때문에 사료에 지방을 포함시켜야 한다.

4. It is possible for each kitten in a cat litter to have a different father. (   )
   한배에서 태어난 새끼고양이들의 아비가 다를 수 있다.

5. Taurine is bad for cats. (   )
   타우린은 고양이에게 유해하다.

6. Milk is good for all cats. (   )

우유는 모든 고양이에게 좋다.

7. The average cat meal is equivalent to three mice.
   (   )

평균적인 고양이의 한 끼분은 생쥐 세 마리이다.

E. Test your knowledge of the connection between cats
   and humans by answering the questions below
   correctly.

고양이와 인간의 관계에 관한 다음 질문에 답하시오.

1. How many bones does a cat have?

고양이에게는 몇 개의 뼈가 있는가?

2. When did cats become the number one pet in
   America?

고양이가 미국에서 제일 인기가 많은 애완동물이 된 때는 언제인가?

3. Name two famous people that hated cats.

고양이를 싫어했던 유명 인사 두 명을 말하라.

4. Who invented the cat-flap door?

고양이 출입문을 발명한 사람은 누구인가?

5. Who invented cat litter and when?

고양이 오물통을 발명한 사람은 누구인가?

F. Test your Cat Trivia by correctly answering TRUE (T)
   or FALSE (F) for the statements below.

고양이의 기타 특성을 읽고 맞으면 T, 틀리면 F를 써 넣으시오.

1. Cats tend to play best in even numbers. (   )

고양이는 짝수일 때 아주 잘 노는 경향이 있다.

2. Cats have AB blood groups just like humans. (   )

사람처럼 고양이에게도 AB 혈액형이 있다.

3. Six-toed kittens are so common in Washington, USA that experts consider them an established mutation. (   )

미국 워싱턴에는 6개의 발가락을 가진 새끼고양이가 아주 흔해 전문가들은 돌연변이가 일어난 것이라고 생각한다.

4. Cats have a total of 32 muscles that control their ears. (   )

고양이는 귀의 움직임을 조절할 수 있는 32개의 근육을 가지고 있다.

5. Cats can make about 10 vocal sounds, while dogs can make over 100. (   )

개가 백 가지 이상의 목소리를 낼 수 있는 반면, 고양이는 약 열 가지의 목소리를 낼 수 있다.

6. Tylenol and chocolate are good ways to cure common cat ailments. (   )

타이레놀과 초콜릿은 고양이에게 흔한 질병을 치료하는 데 효과적이다.

7. Black cats are considered to be bad luck in England. (   )

검은 고양이는 영국에서 불행을 가져온다고 생각된다.

8. Research at the University of Michigan indicates that a cat's memory is about two hundred times more than that of a dog's. (   )

미시간 대학이 실시한 연구에 따르면, 고양이의 기억력은 개의 기억력보다 200배 이상이라고 한다.

Correct Answers

A.

1. F   2. T   3. F   4. F   5. T   6. F   7. T

B.

1. The Ancient Egyptians were the first to domesticate cats around 3000 BC. They were originally used to control pests and aid in hunting.

   고대 이집트인들이 기원전 3000년에 최초로 고양이를 길들이기 시작했다. 고양이들은 처음에 해충을 방제하고 사냥을 돕는 데 이용되었다.

2. The first Siamese cats were brought to England for breeding in 1894.

   시암고양이는 1894년에 최초로 교배를 위해 영국으로 보내졌다.

3. The first known formal cat show took place at the Crystal Palace in London, England in 1871.

   최초로 알려진 공식적인 고양이 쇼는 1871년 영국 런던의 크리스털팰리스에서 열렸다.

4. Ancient Egyptians often shaved their own eyebrows in mourning of the family cat.

   고대 이집트인들은 키우던 고양이가 죽으면 흔히 눈썹을 밀었다.

C.

1. Stroking a cat's forehead gently and softly is a proven, effective way to calm it down.

   고양이 이마를 부드럽게 두드려 주는 것이 고양이를 진정시키는 데 효과적이라고 입증된 방법이다.

2. The pregnancy term for a cat lasts approximately 9 weeks.

   수태 기간은 약 9주이다.

3. Your cat may go blind if fed a constant diet of dog food due to a lack in Taurine, an important part of the cat's diet.

   개 사료를 계속 주면 고양이 사료에 반드시 들어가야 할 타우린이란 영양소가 부족하기 때문에 고양이의 눈이 멀 수 있다.

4. Cats most readily respond to higher pitch sounds that end in "ee," such as "kitty."

고양이는 '키티'와 같이 '이' 소리로 끝나는 고음에 아주 재빨리 반응한다.

D.

1. F 2. F 3. T 4. T 5. F 6. F 7. F

E.

1. Cats have 230 bones.

고양이의 뼈는 230개이다.

2. Cats officially surpassed dogs as the number one pet in America in 1987.

1987년에 고양이가 공식적으로 개를 능가하여 가장 인기가 많은 애완동물이 되었다.

3. Napoleon and Hitler both hated cats.

나폴레옹과 히틀러가 고양이를 싫어했다

4. Sir Isaac Newton Invented the cat-flap door. He loved cats.

아이삭 뉴턴이 고양이 출입문을 발명했다. 그는 고양이를 사랑했다.

5. Cat litter was invented by Edward Lowe in 1947. In 1990, Mr. Lowe sold his business for $200 million.

1947년 에드워드 로가 고양이 오물통을 발명했다. 1990년, 로 씨는 그의 사업체를 2억 달러에 매각했다.

F.

1. T 2. T 3. F 4. T 5. F 6. F 7. F 8. T

26 Amazing Cat Records

기네스북에 오른 고양이

Cats, being the amazing creatures that they are, have set some pretty astounding records throughout history. Listed below are a fragment of the amazing records that felines have set.

고양이는 경이로운 동물인 만큼 역사를 통틀어 매우 놀라운 기록을 세웠다. 다음은 고양잇과 동물들이 세운 놀라운 기록 중 일부를 발췌한 것이다.

The Smallest Cat

Recently the smallest recorded cat is Mr. Peebles. He weighs approximately 1 kilo, fully grown at about 15 centimeters long, and perfectly fits in a 200 ml glass!

세상에서 가장 작은 고양이
최근에 세상에서 가장 작은 고양이로 기록된 것은 '미스터 피블스'이다. 이 고양이는 몸무게가 약 1킬로그램으로, 완전히 자라도 몸길이가 15cm 정도밖에 안 돼 200ml 컵 속에 쏙 들어간다!

The Smartest Cat

The smartest cat in the world goes by the name of Cuty Boy and is a purebred Persian. Although this cat cannot verbally speak, it answers questions by nodding its head back and forth. His owners claim that he understands up to 8 languages. Cuty Boy's official web site is www.cutyboy.com.

세상에서 가장 영리한 고양이

세상에서 가장 영리한 고양이는 순종 페르시아고양이인 '큐티 보이' 로 알려져 있다. 이 고양이는 말을 할 수는 없지만, 고개를 앞뒤로 끄덕여 질문에 응답한다고 한다. 고양이의 주인은 큐티 보이가 8개 국어나 이해한다고 주장한다. 큐티 보이의 공식 웹사이트는 www.cutyboy.com이다.

The Oldest Cat

The oldest known cat was a female [1]tabby named Ma from England. Ma was put to sleep on November 5, 1957. She was 34 years old.

가장 오래 산 고양이

기록상 최장수 고양이는 영국에 살던 '마' 라는 이름을 가진 암컷 얼룩고양이다. 마는 1957년 11월 5일에 죽었는데, 34세였다!

The Fattest Cat

The fattest cat on record was a male tabby cat named Himmey. At the time of death in 1986, Himmey had a 33-inch waist and weighed 46 lbs, 15.5 ounces!

세상에서 가장 뚱뚱한 고양이

기록상 가장 뚱뚱한 고양이는 '히미' 라는 이름의 얼룩고양이 수컷이다. 1986년 죽었을 당시 히미의 허리는 33인치(약 84센티미터), 몸무게는 46파운드 15.5온스(21.3킬로그램)였다!

The Most Kittens in a Lifetime

It is documented that a tabby cat named Dusty gave birth to 420 kittens in her lifetime. She is considered to be the most [2]prolific cat in history.

일생 동안 가장 많은 새끼를 낳은 고양이

'더스티' 라는 이름의 얼룩고양이는 일생 동안 420마리의 새끼를 낳은 것으로 기록되어 있다. 이 고양이는 역사상 가장 많은 새끼를 낳은 것으로 여겨진다.

The Largest Cat Litter

The largest kitten [3]litter ever recorded was by a Siamese cat. She gave birth to 19 kittens, 4 of which were [4]stillborn.

한 번에 가장 많은 새끼를 낳은 고양이

한 번에 가장 많은 새끼를 낳은 기록은 시암고양이가 가지고 있다. 이 고양이는 19마리의 새끼를 낳았는데, 그 중 4마리는 사산되었다.

The Largest Feline Ever

A Siberian tiger named Jaipur is the largest cat ever recorded. He was 10 feet, 11 inches long. Jaipur weighed 932 lbs.

사상 최대의 고양잇과 동물

'자이푸르' 라는 이름을 가진 시베리아호랑이는 세상에서 가장 큰 고양잇과 동물로 기록되어 있다. 자이푸르의 몸길이는 10피트 11인치(3.3미터), 몸무게는 932파운드(420킬로그램)였다.

The Fiercest Cat Ever

In India, it has been reported that a tigress killed and ate 436 people between 1906-1907. She was hunted and killed in 1907.

가장 무시무시한 고양잇과 동물

인도에서 한 암컷 호랑이가 1906년과 1907년 사이에 436명의 사람을 잡아먹은 것으로 보고되었다. 이 호랑이는 1907년에 잡혀 사살되었다.

The Fastest Cat on the Planet

The fastest cat on the planet is the cheetah. Cheetahs can run at speeds of 114 kilometers per hour for distances of 200-300 yards. Cheetahs are the only cats that cannot fully [5]retract its claws.

지구상에서 가장 빠른 고양잇과 동물

지구에서 가장 빠른 고양잇과 동물은 치타이다. 치타는 시속 114킬로미터로 200~300야드(182~274미터)를 달릴 수 있다. 치타는 발톱을 완전히 집어넣을 수 없는 유일한 고양잇과 동물이다.

The Most Popular House Pets

In the USA, UK, and many other European countries, cats outnumber dogs by millions as house pets. In America, 37% of homes own at least one cat. There are approximately 500 million cats kept as pets throughout the world today.

가장 인기 있는 애완동물

미국이나 영국 그리고 여러 유럽 국가들의 가정에서 기르는 애완동물로서 고양이가 개보다 수백만 마리가 더 많다. 미국 가정의 37퍼센트가 최소한 고양이 한 마리씩을 키우고 있다. 현재 전세계에는 대략 5억 마리의 고양이들이 애완동물로 키워지고 있다.

1 **tabby** 얼룩고양이 2 **prolific** 아이[새끼]를 많이 낳는 3 **litter** 한배 새끼 4 **stillborn** 사산의 5 **retract** 쑥 들어가게 하다

27 Cat Language
꼬리를 보고 알 수 있는 고양이의 언어

Cats speak a type of sign language with their tails that is not hard to understand. This language is intended for humans and other cats alike. Below are some pictures of tail positions and their meanings. Please note that each position may vary slightly depending on the cat and that every cat owner must consider the environment in which the tail posture takes place.

고양이는 꼬리를 사용하여 일종의 몸짓 언어를 말하며, 그것은 이해하기 어렵지 않다. 이러한 몸짓 언어는 사람에게 그리고 다른 고양이에게 다 같이 말하는 것이다. 다음은 몇 가지 고양이의 꼬리 자세를 나타낸 그림과 그 의미이다. 각각의 자세는 고양이에 따라 약간 다를 수도 있다는 것, 그리고 고양이의 주인은 그 꼬리 자세가 만들어진 환경을 염두에 두어야 한다는 것을 명심하기 바란다.

 When the tail of your cat is slightly curved downward with a small curl upward in the tip, your cat is *calm* and *relaxed*.

끝을 조금 위쪽으로 말아 올리면서 꼬리를 아래쪽으로 약간 구부리고 있다면, 고양이는 평온하고 긴장이 풀어진 상태이다.

126

When the tail of your cat is raised about half way with a slight curve in the tip, your cat is *gaining interest in something or someone.*

끝을 약간 구부리면서 꼬리를 절반 정도 세운다면, 고양이는 어떤 사람이나 사물에 흥미를 느끼는 있는 상태이다.

When the tail of your cat stands straight up, your cat is giving a *warm friendly greeting.*

꼬리를 빳빳이 세운다면, 고양이는 따뜻하고 호의적인 인사를 건네는 중이다.

When the tail of your cat stands straight up with the end portion shivering or shaking softly, your cat is showing that *he is fond of you.*

끝을 가볍게 떨거나 흔들면서 꼬리를 빳빳이 세운다면, 고양이는 상대방을 좋아한다는 뜻이다.

When the tail of your cat is moving from side to side sporadically, your cat is somewhat *upset and/or preoccupied with something.*

꼬리를 산발적으로 좌우로 움직인다면, 고양이는 심기가 약간 불편하거나 무언가에 정신이 팔려 있는 상태이다.

When the tail of your cat is moving from side to side, swishing briskly and continuously, your cat is *very upset or angry.*

꼬리를 힘차게 계속해서 좌우로 휘두른다면, 고양이는 심기가 매우 불편하거나 화가 난 상태이다.

When the tail of your cat is fully erect with the hairs standing out like a brush, your cat is *demonstrating hostility* toward you.

털을 솔처럼 곤두세우면서 꼬리를 완전히 곧추 세운다면, 고양이는 상대방에게 적대감을 드러내는 중이다.

When the tail of your cat is raised in the shape of a hook with the hairs standing out like a brush, your cat is *ready to attack* if further disturbed. (You may also note that his ears may become flattened.)

털을 솔처럼 곤두세우면서 꼬리를 갈고리 모양으로 만들어 올리고 있다면, 더 괴롭힐 경우 공격할 준비를 갖추고 있는 것이다. (또한 고양이의 귀가 납작해진 것을 볼 수 있을지도 모른다.)

When the tail of your cat is fluffy and slanted downward, your cat is *afraid or frightened*.

아래로 비스듬히 기울어져 있고 털이 보풀이 서 있다면, 고양이는 겁먹고 있거나 두려운 상태이다.

When the tail of your cat is completely lowered or under his hind legs, your cat is *showing submissiveness or some sort of defeat* toward you or another cat.

꼬리를 완전히 내리거나 뒷다리 사이 밑으로 넣으려고 한다면, 고양이는 주인이나 상대 고양이에게 복종하거나 일종의 굴복하는 태도를 보이는 것이다.

28 Why Does My Cat Do That?

고양이가 왜 그럴까?

How well do you know your cat? Here is a comical, but true quiz to test your knowledge on the subject of your cat's behavior.

고양이에 대해 얼마나 잘 알고 있는가? 여기 익살스럽지만 사실에 입각한 퀴즈로 고양이 행동에 관한 지식을 테스트해 보자.

Question 1.

Even after I wash and shower, my cat still licks and washes my hair and face. Why does my cat do that?

① Your cat does not like the scent of your soap. It is trying to remove the scent.
② Your cat likes the taste of the natural salt present in your skin.
③ Your cat is grooming you.
④ Your cat is getting ¹kinky with you.

내가 세수와 샤워를 한 뒤에도 고양이가 여전히 내 머리와 얼굴을 핥거나 씻는다. 왜 그럴까?

① 고양이는 당신의 비누 냄새를 좋아하지 않기 때문에 지금 그 냄새를 없애려고 하는 중이다.
② 고양이는 당신의 피부에 배어 있는 짭짤한 맛을 좋아한다.
③ 고양이는 지금 당신을 몸단장 시키고 있다.
④ 고양이는 지금 성적으로 흥분해 있다.

Question 2.

Sometimes when I am sitting down reading or watching TV, my cat ²headbutts me. Why does my cat push its head against mine?

① Your cat loves to wrestle and is trying a new WWF move on you.
② Your cat dipped into the catnip again and is a little out of it.
③ Your cat's head is itchy.
④ Your cat just loves you, and this is how it shows affection.

내가 독서를 하거나 TV를 보면서 앉아 있을 때 때때로 고양이가 머리를 내게 들이밀 때가 있다. 왜 그럴까?

① 고양이가 레슬링을 좋아하여 WWF (역주: 프로레슬링 타이틀)에서 선보인 새로운 동작을 당신에게 보여주려 한다.
② 고양이가 캐트닙에 취해 약간 제정신이 아니다.
③ 머리가 가렵기 때문이다.
④ 고양이는 그저 당신을 사랑할 뿐이며, 이러한 행동은 애정 표현의 한 방법이다.

Question 3.

My cat often rubs against me when I am sitting in the kitchen or in the living room or even when I am just about to leave the house. Why does my cat rub up against me?

① Your cat is jealous of other animals that might try to make you their owner.
② Your cat is trying to get you covered with as much hair as possible.
③ Your cat knows that you will be leaving and wants to

get a supply of tuna before you go.

④ Your cat is trying to produce a [3]static electrical charge by rubbing against you.

내가 부엌이나 거실에 서 있을 때 또는 막 집을 나서려고 할 때, 고양이가 가끔씩 내 몸에 자기 몸을 비빌 때가 있다. 왜 그럴까?

① 당신을 주인으로 삼으려고 하는 다른 동물들에게 질투가 나 있다.
② 당신에게 가능한 대로 많은 털을 묻히려고 하는 중이다.
③ 고양이는 당신이 곧 나갈 것이라는 것을 알고 있고, 그래서 집을 나서기 전에 참치를 줬으면 하고 바라고 있다.
④ 당신에게 몸을 비벼 정전기를 만들어내려고 하는 것이다.

Question 4.

My cat sometimes washes its fur directly after I pet her or pick her up. Why does my cat do this?

① Your cat simply loves your scent and is exciting itself further by spreading it all over its body.

② Your feline is well aware that you are no cat and is trying to decontaminate and rid itself of your stinky human scent.

③ Your cat has mistaken you for its mother and is innately washing itself, because mother cats often grasp the back of their kitten's neck before washing them.

④ Your cat is hungry and wants something to eat.

내가 고양이를 쓰다듬거나 들어 올리면 고양이는 곧 자신의 털을 씻는다. 왜 그러는 것일까?

① 고양이는 당신의 체취를 좋아한다. 그래서 그것을 온몸에 발라 좋은 기분을 유지하려고 하는 것이다.
② 고양이는 당신이 고양이가 아니라는 사실을 잘 알고 있다. 그래서 몸을 정화하고 고약한 인간의 냄새를 없애려는 중이다.
③ 고양이는 당신을 어미로 착각하고 있으며 본능적으로 자신을 씻고 있다. 왜냐하면 어

미고양이는 새끼를 씻어 주기 전에 종종 새끼의 목 뒷덜미를 물기 때문이다.
④ 고양이는 배가 고파 먹을 것을 원하는 것이다.

Question 5.

Why was it so easy to get my cat to use the litter box?
Why does my cat use it repeatedly and bury his [4]feces?

① Your cat wants to look better than your dog.
② Your cat can't stomach the scent of its own feces and
   wants to hide it.
③ Your cat is afraid that other beings may be stalking
   it, and it is trying to hide its [5]clandestine bathroom
   operation from everyone.
④ Your cat innately loves to dig in the sand as its
   ancestors did.

고양이에게 오물통을 사용하게 하는 것이 왜 그렇게 쉬웠을까? 왜 고양이는 오물통을 반
복해서 사용하며 자기 배설물을 덮어 감추는 것일까?

① 고양이는 개보다 훌륭해 보이길 바란다.
② 고양이는 자신의 배설물 냄새를 견딜 수 없어 배설물을 숨기려고 한다.
③ 고양이는 다른 존재가 자신에게 몰래 접근하는 것을 두려워한다. 그래서 누구로 부터
   나 자신의 은밀한 배변 활동을 숨기려는 것이다.
④ 그의 선조들이 그랬던 것처럼 고양이는 본능적으로 모래 파는 것을 좋아한다.

Question 6.

My cat seems to have a little motor inside its nose and
is always purring. Why do cats purr?

① Your cat purrs to express that it is tired.
② Your cat purrs to let you know that it has just
   [6]shredded your favorite piece of furniture.
③ Your cat purrs because it is content with its

environment and surroundings.

④ Your cat purrs because it has a hairball wedged in its throat.

> 고양이는 콧속에 조그만 모터 하나를 달고 있는 것처럼 항상 가르랑거리고 있다. 왜 가르랑거리는 것일까?
>
> ① 피곤함을 표현하고자 가르랑거리는 것이다.
> ② 고양이는 당신이 좋아하는 가구를 망가뜨려 놓았다는 것을 알리려고 가르랑거리는 것이다.
> ③ 자신의 환경과 주변에 만족하기 때문에 가르랑거리는 것이다.
> ④ 목구멍에 털뭉치가 걸렸기 때문에 가르랑거리는 것이다.

Question 7.

My cat seems to be somewhat of an [7]enigma. It regularly brings me dead insects and rodents. It sometimes even brings them to me alive and kills them in front of me. Why does my cat bring me dead or dying creatures?

① Your cat wants to show you how much better of a hunter it is than your dog.

② Your cat is innately bringing its food to a safe place to eat away from predators.

③ Your cat is showing affection to you by providing freshly caught food.

④ Your cat is trying to instruct or educate you on how to catch and kill prey.

> 고양이는 다소 수수께끼 같은 행동을 보일 때가 있다. 정기적으로 곤충이나 쥐의 사체를 가져오는가 하면, 때로는 산 채로 가져와 내가 보는 앞에서 죽일 때도 있다. 고양이가 이미 죽었거나 죽어가는 생물을 가져오는 이유는 무엇일까?
>
> ① 고양이는 자신이 개보다 얼마나 뛰어난 사냥꾼인지를 보여주고 싶은 것이다.
> ② 고양이는 본능적으로 자신의 먹이를 다른 포식자로부터 안전한 장소로 옮기는 중이다.
> ③ 고양이는 막 잡은 신선한 먹이를 내놓음으로써 당신에 대한 애정을 표현하는 것이다.

④ 고양이는 당신에게 먹이를 사냥하고 죽이는 방법을 가르치거나 교육하고자 하는 것
이다.

Question 8.

While playing with my cat, it sometimes rolls over on its back. Why does my cat do this?

① Your cat got into the catnip again and is in a drunken [8]bliss.
② Your cat has become aroused and is ready to [9]mate.
③ Your cat has got an [10]itchy [11]tummy and wants you to scratch it.
④ Your cat is telling you that you are a trusted friend.

고양이와 노는 동안 가끔 고양이가 몸을 뒤집어 등을 깔고 누워 있을 때가 있다. 왜 이런 행동을 하는 것일까?

① 캐트닙에 취해 황홀해진 상태이다.
② 발정 난 상태이며 짝짓기 할 준비가 되어 있다.
③ 배가 간지러우며 당신이 긁어 주기를 바란다.
④ 당신이 믿을 수 있는 친구라고 말하는 중이다.

Question 9.

Whenever my cat is sick, I can't seem to find it. Why does my cat try to hide and avoid everyone when it is sick?

① Your cat knows how expensive [12]vet bills can be, and it doesn't want to burden you.
② Your cat understands the word doctor, and it doesn't want to go anywhere near the veterinary clinic.
③ Your cat is playing one last game of hide-and-go-seek

before it goes to the big can of tuna up in the sky.

④ Your cat is trying to hide from other creatures that might be alerted to its sickness and try to take it out.

· 고양이는 몸이 아플 때면 어디에 있는지 찾아낼 수가 없다. 왜 고양이는 몸이 아프면 사람들을 피해 숨으려고 하는 것일까?

① 고양이는 진료비가 얼마나 비싼지 알고 있으며, 당신에게 부담을 주고 싶지 않은 것이다.
② 고양이는 '의사'라는 단어를 알고 있으며, 동물병원 근처는 어디라도 가고 싶지 않은 것이다.
③ 죽어서 하늘나라로 가기 전에 마지막 숨바꼭질 놀이를 하는 중이다.
④ 자신의 병을 기회로 생각하여 자기를 없앨지 모르는 다른 생물체로부터 숨으려는 것이다.

Question 10.

I have seen my cat slide off the kitchen counter top and appear to be headed to an awful crash when suddenly it uprights itself and lands on all fours. Why does my cat always land on its feet?

① Your cat is not from this world. It is not affected by gravity like we are.
② Your cat is an extremely lucky creature.
③ Your cat uses its tail as a [13]rudder to steer to the ground safely.
④ Your cat has bottom-weighted feet, which help it to automatically right itself when upside down.

고양이가 부엌 싱크대에서 미끄러져 떨어지는 것을 본 적이 있다. 바닥에 부딪혀 크게 다칠 것처럼 보였지만, 갑자기 몸을 곧추세워 네 발로 착지했다. 왜 고양이는 항상 네 발로 착지하는 것일까?

① 고양이는 이 세상의 동물이 아니다. 그래서 고양이는 인간들처럼 중력의 영향을 받지 않는다.
② 당신의 고양이는 매우 운이 좋은 동물일 뿐이다.
③ 고양이는 꼬리를 일종의 방향타로 사용하여 안전하게 땅에 내려온다.
④ 고양이의 네 발은 발바닥에 무게가 가중되어, 몸이 거꾸로 되었을 때 몸을 자동적으로

똑바로 만들 수가 있다.

Question 11.

My cat seems to like any type of high-pitched [14]crinkly sound. Every time I have a plastic bag or open a bag of potato chips, my cat seems to be keenly observing. Why does my cat like crinkly sounds so much?

① Your cat thinks that there might be some prey around to hunt, torture, or eat.

② Your cat loves potato chips and is waiting for the right time to make its move.

③ Your cat is attracted to crinkly sounds because they are similar to the sound made by his mother after birth.

④ Your cat loves anything that sounds different from the sounds that your dog makes.

고양이는 고음의 바스락거리는 소리를 내는 것은 무엇이든 좋아하는 것처럼 보인다. 비닐 봉지를 들고 있거나 포테이토칩 봉지를 뜯으려고 할 때면 언제나 고양이는 유심히 관찰하고 있는 것 같다. 고양이가 바스락거리는 소리를 그렇게 좋아하는 이유는 무엇일까?

① 고양이는 주변에 자신이 사냥해 괴롭히다가 잡아먹을 먹이가 있을지도 모른다고 생각한다.

② 고양이는 포테이토칩을 좋아해 자기가 차지할 기회를 노리고 있는 중이다.

③ 고양이가 바스락거리는 소리에 끌리는 것은 생후에 어미고양이가 내는 소리와 비슷하기 때문이다.

④ 고양이는 개가 내는 소리와 다른 소리가 나는 것을 모두 좋아한다.

1 kinky 변태적인   **2 headbutt** 박치기하다   **3 static** 정전기의   **4 feces** 배설물
5 clandestine 은밀한   **6 shred** 갈가리 찢다   **7 enigma** 수수께끼   **8 bliss** 희열
9 mate 교미하다   **10 itchy** 가려운   **11 tummy** 가려운   **12 vet** 수의사   **13 rudder** 방향
타   **14 crinkly** 버스럭대는

1. ③ Your cat is grooming you.

Grooming is one of the first experiences that a cat has. It is a demonstration of love and affection toward you. Your cat is accepting you as a fellow cat.

몸단장은 고양이가 처음 경험하는 것 중 하나이다. 몸단장을 해주는 것은 당신에 대한 애정과 사랑의 표시이다. 고양이는 당신을 동료 고양이로 받아들이고 있다.

2. ④ Your cat just loves you and this is how it shows affection.

This is another way that your cat shows affection. This behavior is common amongst cats.

고양이가 자신의 애정을 표시하는 또 하나의 방법이다. 이러한 행동은 고양이들 사이에서는 흔하다.

3. ① Your cat is jealous of other animals that might try to make you their owner.

Cats are territorial animals. Cats have scent glands in their tail, on either side of their head, on their chin, and even in their paws. When a cat rubs up against you, it is marking you as its territory with its own scent. Cats also rub against furniture and other objects for the same reason. This is also why cats tend to scratch new furniture in the house.

고양이는 세력권세의 습성이 있는 동물이다. 고양이는 꼬리와 양쪽 머리, 턱, 심지어 발톱에도 냄새 샘을 가지고 있다. 고양이가 당신에게 몸을 비벼댈 때에는 자신의 고유한 냄새로 자기 세력권을 표시하고 있는 중이다. 또한 똑같은 이유로 가구나 다른 사물에도 몸을 비벼댄다. 고양이가 집에 들여 놓는 새 가구를 긁으려고 하는 이유도 마찬가지이다.

4. ① Your cat simply loves your scent and is exciting itself further by spreading it all over its body.
② Your feline is well aware that you are no cat and is trying to decontaminate and rid itself of your stinky human scent.

There are two theories on this behavior. One theory proposes that the cat is getting rid of the human smell. The other is that the cat is furthering the pleasure of his association with you by tasting your scent.

이러한 행위에는 두 가지 이론이 존재한다. 한 가지 이론은 고양이가 인간의 냄새를 지우려고 한다는 것이다. 나머지 하나는 고양이가 당신의 냄새를 음미함으로써 당신과 함께하는 기쁨을 배가시키려고 한다는 것이다.

5. ③ Your cat is afraid that other beings may be stalking it, and it is trying to hide its clandestine bathroom operation from everyone.

Cats innately bury or hide their feces so that predators will not locate the cat's scent. Of course, your house cat does not have any predators inside the house, but the behavior remains that of instinct.

고양이들은 선천적으로 포식자들이 자신의 냄새가 풍기는 곳을 파악하지 못하도록 자신의 배설물을 파묻거나 숨긴다. 물론 고양이가 살고 있는 집안에 포식자가 있는 것은 아니지만, 그런 행동은 본능으로 남아있다.

6. ③ Your cat purrs because it is content with its environment and surroundings.

Cats purr for two reasons. Firstly they purr to show content or pleasure. Before kittens can see, a mother cat purrs to let her litter know that she is nearby. Secondly, cats purr to show that they are either very frightened or in extreme pain.

고양이들은 두 가지 이유로 가르랑거린다. 첫번째로는 만족하거나 즐거움의 표시로 가르랑거린다. 새끼고양이들이 앞을 볼 수 있기 전에 어미고양이는 자신이 근처에 있다는 것을 새끼들에게 알려 주기 위해 가르랑거린다. 두 번째는 너무 두렵거나 극심한 고통을 표현하기 위해 가르랑거린다.

7. ② Your cat is innately bringing its food to a safe place to eat away from predators.

③ Your cat is showing affection to you by providing freshly caught food.

④ Your cat is trying to instruct or educate you on how to catch and kill prey.

Although no one knows for certain, there are several theories for this behavior. Scientists continue to study and dispute cat behavior with hopes of someday understanding the cat fully. (Answers 2, 3, 4 are considered correct.)

확실하게 그 이유를 아는 사람은 없지만, 이러한 행동에는 몇 가지 이론이 존재한다. 과학자들은 언젠가는 고양이들을 확실하게 이해하게 될 것이라는 희망을 갖고 고양이의 행동에 대해 끊임없이 연구하면서 토의를 벌이고 있다. (2, 3, 4번 모두 정답으로 간주된다.)

8. ④ Your cat is telling you that you are a trusted friend.

Your cat is most likely displaying and/or communicating trust in you. Your cat innately knows that lying on its back is a vulnerable position and it should only do so in a safe trusting environment.

당신이 믿을 만한 친구라고 말하는 것이다. 고양이는 아마 당신에게 신뢰를 나타내거나 전하려고 하는 것 같다. 고양이는 등을 깔고 눕는 것은 공격당하기 쉬운 자세이며 오로지 안전하고 믿을 수 있는 상황에서 만 그래야 한다는 것을 선천적으로 잘 알고 있다.

9. ④ Your cat is trying to hide from other creatures that might be alerted to its sickness and try to take it out.

Instinctively, your cat knows that if it is sick, then it is easy prey for a predator. It is hiding to innately protect itself against predators, not because it hates the doctor.

본능적으로 고양이는 자신이 병이 들면 다른 포식자의 먹이가 되기 쉽다는 것을 알고 있다. 그는 의사를 싫어해서가 아니라 포식자로부터 자신의 몸을 보호하기 위해 본능적으로 몸을 숨기는 것이다.

10. ③ Your cat uses its tail as a rudder to steer to the ground safely.

When cats fall, they use their tail as a rudder to steer and upright their bodies before they hit the ground. They use their whiskers to measure the distance and time they have to maneuver. 10% of a cat's bones are in its tail.

고양이는 떨어질 때 자신의 꼬리를 방향타로 사용하여 땅과 충돌하기 전에 몸을 바로 세운다. 자신의 수염을 사용하여 움직여야 할 시간과 거리를 측정한다. 고양이 뼈의 10%가 꼬리 안에 들어 있다.

11. ① Your cat thinks that there might be some prey around for him or her to hunt, torture, or eat.

Cats like crinkly, and other high-pitched sounds, because they are similar to the sounds that are made by a cat's prey. Mice, birds, and insects, such as crickets and grasshoppers, make crinkly sounds. This explains why your cat likes to play with plastic shopping bags.

고양이는 바스락거리는 소리나 그 밖의 다른 고음의 소리를 좋아하는데, 그 이유는 그러한 소리들이 고양이의 먹이들이 내는 소리와 비슷하기 때문이다. 쥐, 새 그리고 메뚜기나 귀뚜라미 같은 곤충들은 바스락거리는 소리를 낸다. 바로 이런 점이 고양이가 비닐 봉지를 가지고 놀기 좋아하는 이유를 설명해 준다.

29 Cat and Human Age Comparison

고양이와 인간의 수명 비교

Here is an interesting chart that may help you understand how old your cat really is. Calculations for this chart were obtained from the American Animal Hospital Association. It is believed that after the first 2 years of a cat's life, each feline year is approximately 4 human years. Cats are adolescents from about 6 months to one year-old, middle-aged at about 8 years of age, and considered senior citizens at about 12 years of age.

여기 고양이가 실제로 얼마나 나이를 먹었는지 이해하는 데 도움을 줄 수 있는 흥미로운 표가 있다. 이 표의 수치는 미국동물병원협회로부터 입수한 것이다. 고양이의 일생 가운데 최초 2년이 지난 후에는 고양이의 1년이 대략 인간의 4년에 해당하는 것으로 생각된다. 고양이는 생후 약 6개월에서 1년까지는 사춘기, 약 8세는 중년기, 약 12세는 노년기로 분류된다.

Cat's Age 고양이의 나이		Human Years 인간의 나이	
6 months	6개월	10 years	10세
8 months	8개월	13 years	13세
1 year	1세	15 years	15세
2 years	2세	24 years	24세
4 years	4세	32 years	32세
6 years	6세	40 years	40세
8 years	8세	48 years	48세
10 years	10세	56 years	56세
12 years	12세	64 years	64세
14 years	14세	72 years	72세
16 years	16세	80 years	80세
18 years	18세	88 years	88세
20 years	20세	96 years	96세
21 years	21세	100 years	100세

What if cats could talk and write? What amazing, zany, and wacky things would they tell us? Below is a fictional example of such works. Excerpts from a cat's diary:

고양이들이 말을 하고 글을 쓸 수 있으면 어떻게 될까? 우리들에게 얼마나 놀랍고 재미있고 엉뚱한 얘기를 할까? 다음은 그러한 일을 가상으로 만들어 본 것이다. 어느 고양이의 일기.

Day 22 of My Captivity

My [1]captors continue to [2]taunt me with [3]bizarre little [4]dangling objects. They dine [5]lavishly on fresh meat, while I am forced to eat dry cereal. The only thing that keeps me going is my secret [6]stash of catnip and the [7]glimmer of hope that someday I may escape. I get a mild satisfaction from ruining the occasional piece of furniture. In the past, I was able to direct blame to the dog, but it now seems that my captors are on to me.

Tomorrow, I may eat another house plant or shred something. I perhaps may even hide a few of the dog's toys. Studying the dog's confused look as he tries to locate his hidden toys is a source of [8]contentment amidst my [9]plight.

Today, I almost succeeded in my attempt to kill my captors by weaving in and out of their legs while they were walking. I must try this at the top of the stairs. In an effort to disgust and [10]repulse these [11]vile [12]oppressors, I once again [13]induced myself to [14]vomit on their favorite chair. Perhaps I should try this on their bed.

I successfully [15]detained a mouse, brought it to my captors, and proceeded to torture it. I then [16]decapitated the [17]rodent in attempt to make them aware of what I am capable of, and to try to strike fear into their hearts. But it didn't work as planned. These humans [18]patronized me. They called me a good little kitty. Damn! I must come up with a better plan.

There was some sort of gathering last night, and I was placed in [19]solitary [20]confinement while the event [21]transpired. I was, however, able to [22]overhear that my confinement was due to the power of allergies that I possess. I must learn more about this and find out how to [23]maximize this to my advantage.

I am not alone in my captivity; there is also a dog, a bird and a fish. I am convinced the other captives are [24]snitches that report my behavior to the humans somehow.

The dog is routinely released and seems more than happy to return. He is obviously a [25]dimwit. The fish seems to be in a world of its own. I have thus far been unable to [26]penetrate the invisible shield that protects this creature. The bird, on the other hand, has got to be an [27]informant. It speaks with them regularly. I am certain it reports my every move. Due to its current placement in the steel cage room, its safety is assured. But I have a plan to have it for a snack. It is only a matter of time before things go my way. After all, I am a cat.

---

1 **captor** 사로잡는 사람, 포획자　2 **taunt** 남을 비웃다　3 **bizarre** 별난, 기묘한　4 **dangle** 매달려 늘어지다　5 **lavishly** 아낌없이　6 **stash** 은닉한 것　7 **glimmer** 희미한 빛　8 **contentment** 만족　9 **plight** 비참한 상태　10 **repulse** 격퇴하다, 물리치다　11 **vile** 몹시 나쁜, 지독한　12 **oppressor** 억압자, 압제자　13 **induce** ～하게 하다　14 **vomit** 토하다　15 **detain** 붙들다　16 **decapitate** 참수하다　17 **rodent** 설치류 동물　18 **patronize** 후원하다, 장려하다　19 **solitary** 혼자뿐인　20 **confinement** 감금　21 **transpire** 일어나다, 생기다　22 **overhear** 엿듣다, 우연히 듣다　23 **maximize** 최대한 활용하다　24 **snitch** 밀고자　25 **dimwit** 멍청이, 바보　26 **penetrate** ～을 뚫고 나가다, 관통하다　27 **informant** 통지자, 밀고자

포로가 된 지 22일째

내 포획자들은 대롱대롱 매달린 기묘하게 생긴 조그만 물건을 가지고 나를 계속 놀려댄다. 자기들은 신선한 고기로 풍족하게 식사하면서 나더러는 말라빠진 시리얼만 먹으라고 강요한다. 나를 지탱해 주는 것이라고는 은밀하게 숨겨 둔 캐트닙과 언젠가는 탈출하리라는 한 가닥 희망뿐이다. 나는 아무 가구나 망가뜨리면서 약간의 쾌감을 느낀다. 예전에는 비난의 화살을 개한테로 돌릴 수 있었지만 이제 포획자들은 그 화살을 내게 돌리는 것 같다.

내일은 또 다른 화초를 먹거나 무언가를 갈가리 찢어놓을 수도 있다. 아마도 개의 장난감을 몇 개 숨겨 놓을 수도 있겠지. 자기 장난감을 찾으면서 어쩔 줄 모르는 개의 꼴을 지켜보는 것은 내 생활이 비록 비참해도 그나마 만족감을 준다.

오늘 나는 포획자들을 없애 버리려는 시도에 거의 성공할 뻔했다. 그 방법은 포획자들이 걷는 동안 그들의 다리 사이를 요리조리 헤쳐 다니는 것이었다. 계단 맨 위에서 이 방법을 시도해 봐야겠다. 이들 악독한 압제자들을 넌더리나게 하고 물리치려는 노력의 일환으로 나는 다시 한 번 그들이 좋아하는 의자 위에 일부러 토해 버렸다. 어쩌면 그들의 침대에도 이렇게 해야 하지 않을까.

나는 생쥐 한 마리를 잡아 내 포획자들에게 가져가서는 고문까지 했다. 그런 다음 그 설치류를 참수해 버렸는데, 그것은 포획자들에게 내가 어떤 능력을 갖고 있는지 보여주어 그들의 가슴에 공포를 심어 놓으려는 시도였다. 그러나 그것은 내 계획대로 되지 않았다. 이 인간들은 오히려 나를 후원해 주었던 것이다. 그들은 나를 훌륭한 새끼고양이라고 불렀다. 젠장! 더 좋은 계획을 강구해야겠다.

지난밤에는 일종의 모임이 있었으며, 그 행사를 하는 동안 나는 혼자 갇혀 있었다. 그러나 나는 그 감금사유가 내가 가진 알레르기 때문이라는 것을 엿들을 수 있었다. 나는 알레르기에 대해 좀더 배워 이것을 내게 이롭도록 최대한 활용해 나가는 방법을 모색해야겠다.

잡혀 있는 것은 나 혼자만 아니라 개, 새, 물고기도 있다. 다른 포로 녀석들은 어떻게 해서든지 내 행동을 인간들에게 고자질하는 것이 분명하다.

개는 일정한 시간마다 풀려났는데, 돌아와서는 행복해 보인다. 그 녀석은 분명 멍청이일 것이다. 물고기는 자기만의 세상에 사는 것처럼 보인다. 아직 나는 물고기를 보호하고 있는, 보이지 않는 장막을 뚫을 수가 없다. 한편 새는 첩자임에 틀림없다. 그 녀석은 정기적으로 포획자들과 말을 나눈다. 분명 내 일거수일투족을 보고하는 것이겠지. 그 녀석은 지금 철제 새장 안에 들어 있기 때문에 안전을 보장받고 있다. 그러나 내게는 그 녀석을 간식으로 먹어치울 계획이 있다. 만사가 내 생각대로 풀리는 것은 시간 문제일 뿐이다. 어쨌든 난 고양이니까.

Inside the Brain of a Cat

고양이의 뇌

Imagine that you could map out the brain of your cat. What zany or mysterious aspects would you discover? Below is the author's rendition of a cat's brain. Does your cat have any similarities?

고양이의 뇌를 그릴 수 있다고 상상해 보라. 어떤 얼토당토않은 모습을 혹은 신비한 모습을 그리 겠는가? 아래 그림은 필자가 그린 고양이의 뇌이다. 당신이 그린 것과 얼마나 비슷한가?

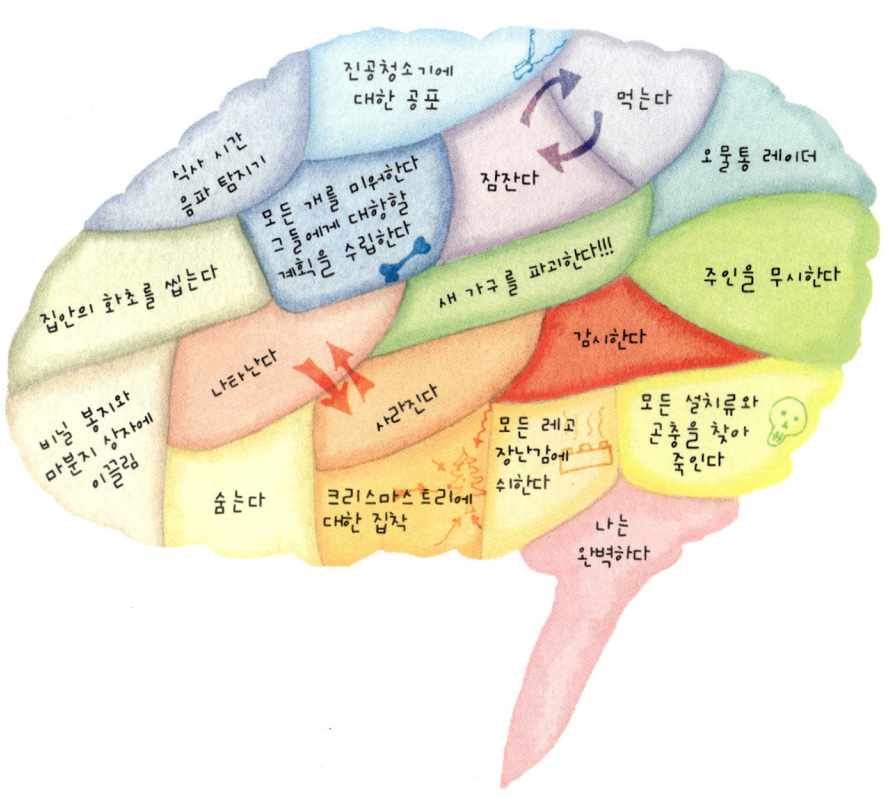

Training your cat can be a rewarding experience for both you and your feline. Although some cats will respond to positive reinforcement, most cats generally do better if they are working for food rewards. If you use soft moist cat food or dry food as a treat, you will lessen the chance of disturbing a properly balanced diet. If your cat has performed a certain task you have asked of him, make sure you not only reward him with a food treat but with verbal praise as well.

When training, you will have more success if you work with one command at a time. As with any kind of training, you have to be consistent, and let your cat work at his own speed.

고양이를 훈련시키는 것은 주인이나 고양이 모두에게 값진 경험일 수 있다. 긍정적인 강화(칭찬 등)에 반응할 고양이도 있지만, 대부분의 고양이들은 먹는 것을 보상으로 줄 때 더 잘하는 것이 일반적이다. 상으로 부드럽고 촉촉한 고양이 먹이나 마른 먹이를 준다면, 적절하게 균형 잡힌 식단을 흐트러뜨리는 것을 피할 수 있을 것이다. 고양이가 주인이 명령한 어떤 일을 잘해 냈다면, 별식으로 상을 줄 뿐 아니라 말로도 칭찬을 듬뿍 해주어야 한다.

훈련 때 한 번에 하나의 명령만 가르친다면 훨씬 더 성공을 거둘 수 있다. 어떤 훈련이든 일관성을 유지해야 하며, 고양이의 능력에 맞추도록 한다. 다음은 훈련시키고 싶어할 만한 몇 가지 재주이다.

3

Train Your Cat

고양이 훈련시키기

32 Teaching Your Cat to Come

"이리 와!"

Start teaching the, "Come!" command by calling your cat for a meal. He probably already comes to you for food, so starting this trick is easy.

고양이에게 밥 먹으러 오라고 부르면서 "이리 와!"라는 명령어를 가르치기 시작한다. 고양이는 아마도 이미 밥 먹으러 주인에게 오고 있을 것이다. 그래서 이것을 시작하기는 쉽다.

Your Training Steps
훈련 단계

1. Make sure the cat is within hearing distance.

   고양이가 목소리를 들을 수 있는 거리 안에 있는지 확인한다.

2. Clearly give the command, "Come!" For example, "Come, kitty, come!"

   "이리 와!"라고 똑똑히 말한다. 예를 들어 "야옹아, 이리 와!"

3. When your cat comes to you, give a positive signal and say, "Come, good, come!" in a praising, upbeat way. Immediately give him his food reward.

   고양이가 다가오면, 긍정적인 반응을 보이면서 명랑하게 "이리 와, 잘했어."라고 칭찬한다. 즉시 상으로 먹이를 주도록 한다.

4. When your cat has learned to come for his meal, move to a new location and repeat the training

pattern.

고양이가 밥 먹으러 오는 것을 익혔다면, 장소를 바꿔 이 훈련 방식을 반복한다.

5. Eventually, your cat should come to you whenever you use the command. When it does, use a positive signal and give it its food reward.

마침내 이 명령어를 사용할 때마다 고양이가 와야 한다. 고양이가 명령에 따랐을 때는 긍정적인 반응을 보이면서 상으로 먹이를 준다.

33 Teaching Your Cat to Sit

"앉아!"

This command is the foundation for many other tricks and behaviors. Your goal is to have your cat sit down when you give the command, "Sit!"

이 명령어는 대다수의 재주부리기와 행동의 기초가 된다. "앉아!"라는 명령을 했을 때, 고양이가 앉도록 만드는 것이 주인의 목표이다.

Your Training Steps
훈련 단계

1. Gently put the cat on the table at the edge nearest to you and pet it so it is comfortable.

   가까운 테이블 가장자리에 고양이를 가만히 올려 놓고 편안해지도록 쓰다듬어 준다.

2. Show your cat the reward and give the command, "Kitty, sit!"

   고양이에게 상을 보여 준 후, "야옹아, 앉아!"라고 명령한다.

3. Move the reward back and up over its head.

   상을 고양이의 머리 위와 뒤쪽으로 움직인다.

4. As it tips its head back to follow the food, it will sit to keep its balance. When it sits, use a positive signal and say, "Sit, good, sit!" Immediately give it its food reward.

   고양이가 먹이를 쫓아 머리를 뒤로 젖히면, 몸의 균형을 잡기 위해 앉아야 할 것이다. 고양이가 앉으면, 긍정적인 반응을 보이면서 "앉아. 그렇지, 앉아!"라고 말한다. 즉시 상으로 먹이를 준다.

5. Eventually your cat should respond to the command, "Sit!" without you having to move the food over its head.

마침내 머리 위에서 먹이를 움직여 주지 않더라도 고양이가 "앉아!" 하는 명령어에 반응해야만 한다.

6. Once your cat has learned this behavior, you no longer need to place the cat on the table.

일단 고양이가 이 행동을 익히면, 더 이상 테이블 위에 고양이를 올려놓을 필요가 없다.

In the beginning, if your cat does not sit on its own, you may gently press down on its hindquarters. Then use a positive signal by saying, "Sit, good, sit!"

This trick will be easy with some cats, while others may resist being helped to sit. Be gentle and patient. Remember not to frustrate or frighten your cat. If it resists, try again some other time. It's always better to have it sit on its own.

처음에 고양이가 스스로 앉지 않으면, 고양이의 뒷다리와 엉덩이를 가만히 아래로 눌러 줄 수도 있다. 그리고 "앉아. 그렇지, 앉아." 하고 말하면서 긍정적인 반응을 보인다.

이 재주부리기가 쉬운 고양이도 있지만, 억지로 앉히려고 하면 저항하는 고양이가 있을지도 모른다. 부드럽게 인내심을 가지고 해야 한다. 고양이에게 좌절감을 느끼게 하거나 겁을 먹게 해서는 안 된다는 것을 명심하라. 고양이가 거부한다면, 다음에 다시 시도하도록 한다. 항상 고양이 스스로 앉도록 하는 것이 바람직하다.

Teaching Your Cat to Lie Down

"엎드려!"

Teaching your cat to lie down on command is a "table top" trick. It helps if you have already taught your cat to sit on command. Your goal is to have your cat lie down when you give the command, "Down!"

고양이에게 명령하여 엎드리게 하는 것은 '테이블 위에서 할 수 있는 훈련' 이다. 이미 '앉아' 라는 명령어를 가르쳤다면 도움이 된다. 훈련의 목표는 "엎드려!" 하고 명령했을 때 고양이가 엎드리도록 하는 것이다.

Your Training Steps
훈련 단계

1. Gently sit the cat on the table at the edge nearest to you and pet it so it is comfortable.

   주인과 가장 가까운 테이블 가장자리에 고양이를 가만히 올려놓고, 고양이가 편안해지도록 쓰다듬어 준다.

2. Clearly give the command, "Down!"

   "엎드려!"라고 똑똑히 말한다.

3. Holding the food reward in one hand slightly below and in front of the table, but not close enough that he can grab it, give the command, "Kitty, down!"

   한 손에는 상으로 줄 먹이를 약간 나지막하게, 그러나 고양이가 낚아챌 수 없는 거리에서 든 채 테이블 앞에서 "야옹아, 엎드려!"라고 명령한다.

4. When the cat lowers itself to reach for the food, use a positive signal and say, "Down, good, down!" Immediately give it its food reward.

   고양이가 먹이를 잡으려고 몸을 낮추면, 긍정적인 반응을 보이면서 "엎드려. 그렇지, 엎드려!"라고 말한다. 즉시 상으로 먹이를 준다.

5. Eventually your cat should respond to the command, "Down!" with just a downward gesturing of your hand.

   마침내 고양이가 테이블 가장자리 아래에 먹이가 없더라도 주인의 아래로 향하는 손짓만으로 하는 "엎드려!"라는 명령어에 반응해야 한다.

6. Once your cat has learned this behavior consistently, you no longer need to place it on a table.

   고양이가 이 행동을 일관되게 하는 것을 배웠다면, 더 이상 테이블에 올려놓지 않아도 된다.

Remember, as with all the training exercises, do not frustrate or frighten your cat. If it resists, try again some other time. You must not force your cat to do anything.

모든 훈련 때 고양이에게 좌절감을 느끼게 하거나 겁을 먹게 해서는 안 된다는 것을 명심하라. 고양이가 거부하면 다음에 다시 시도하도록 한다. 어떤 행동이라도 고양이를 강요해서는 안 된다.

35 Teaching Your Cat to Wave

"손 흔들어!"

The arm movement of a cat is much more fluid than that of a dog's. Your cat's swiping motion as it attacks prey can also double for a wave goodbye. Teaching your cat to wave is one of my favorites, but it is also a bit tricky. Your cat may get a little impatient and end up scratching you to get some food, so be careful. Remember, cats are faster than you.

고양이의 팔 움직임은 개보다 훨씬 더 부드럽다. 또한 고양이가 먹이를 사냥할 때 낚아채는 동작은 손 흔들며 인사하는 동작과 같을 수도 있다. 고양이가 손을 흔들도록 가르치는 것은 필자가 매우 좋아하는 재주부리기 중 하나이지만 상당히 까다로울 수도 있다. 고양이가 조금 조바심을 내는 바람에 먹이를 잡으려고 하다가 주인을 할퀼 수도 있으므로 조심해야 한다. 명심할 것은 고양이가 사람보다 빠르다는 것이다.

Your Training Steps
훈련 단계

1. Gently put the cat on the table at the edge nearest to you and pet it so it is comfortable.

   가까운 테이블 가장자리에 고양이를 가만히 올려놓고 고양이가 편안해지도록 쓰다듬어 준다.

2. Hold a treat in your hand and place it in front of the cat's nose, just out of reach of its front paws.

   상을 손에 들고 고양이 앞발의 발톱이 미치지 않는 거리에서 고양이의 코앞 쪽에 내민다.

3. Move the treat back and forth with your hands in a waving motion while telling your cat to, "Wave!"

고양이에게 "손 흔들어!"라고 말하면서 양손을 앞뒤로 움직여 흔드는 동작을 보여준다.

4. As your cat reaches out for the food, it will appear as if it is waving.

고양이가 먹이를 향해 손을 뻗으면 마치 손을 흔드는 것처럼 보일 것이다.

5. Once your cat's motion simulates a wave, smother it with praise and affection, and of course, give it the treat.

일단 고양이가 손 흔드는 시늉을 하면, 칭찬을 듬뿍 해주고 애정을 표시한다. 물론 상을 준다.

6. Once your cat has learned this behavior, you no longer need to use a treat. Try this trick frequently, both with and without treats, until you're sure your cat knows it.

고양이가 이 행동을 익히고 나면 더 이상 상을 사용할 필요가 없다. 고양이가 이 동작을 안다는 확신이 설 때까지 상을 줬다 안 줬다 하면서 자주 이 재주를 연습해 본다.

Remember, as with all the training exercises, do not frustrate or frighten your cat. If it resists, try again some other time. You must not force your cat to do anything.

모든 훈련 연습은 고양이에게 좌절감을 느끼게 하거나 겁을 먹게 해서는 안 된다는 것을 명심하라. 고양이가 거부하면 다음에 다시 시도한다. 고양이에게 어떤 행동이라도 강요해서는 안 된다.

36 Teaching Your Cat to Use the Toilet

변기 사용 훈련

To avoid predators and conceal themselves in the wild, cats innately bury their feces as a survival technique. Nowadays, most cats live indoors, and although there may be no predators stalking your feline, your cat will still try to hide its waste. There is actually no training involved in having your cat use the litter box. It is merely a matter of showing your cat where it is. However, training your cat to use the toilet is a totally different matter. This trick is my personal favorite, although it tends to be a bit costly at first.

야생 상태에서 포식자를 피하거나 자신을 숨기기 위해 고양이는 태어날 때부터 하나의 생존 기술로서 자신들의 배설물을 묻어 왔다. 오늘날 대부분의 고양이들은 실내에서 살고 있고, 몰래 접근하는 포식자가 있는 것도 아니지만, 그래도 고양이는 여전히 자신의 배설물을 숨기려 할 것이다. 사실 고양이에게 오물통을 사용하는 것과 관련하여 훈련시킬 것은 전혀 없다. 단지 오물통이 어디 있는지 알려 주기만 하면 된다. 그러나 고양이가 변기를 사용하도록 훈련시키는 것은 완전히 별개의 문제이다. 처음에 비용이 좀 드는 경향이 있지만, 필자는 개인적으로 이 훈련을 특히 좋아한다.

Your Training Steps
훈련 단계

An Australian housewife has invented a three-step program for training cats to use the toilet. This system makes it easy for any housecat to learn how to use the toilet. The entire training process takes approximately two months for the cat to go from litter box to toilet. The specially designed system is a series of colored discs that fit over the toilet seat. Each disc consists of a different size. Your cat will climb up to the disc that covers the seat and use it as a litter box. As the cat's confidence and balance over the toilet bowl improves, the discs are gradually removed, until finally, the cat uses a bare toilet seat with no covering discs and no cat litter! The Litter Kwitter can be found at www.litterkwitter.com.

호주에 사는 한 가정 주부가 고양이에게 변기를 사용하게 하는 3단계 훈련 프로그램을 개발해 냈다. 이 시스템은 어떤 집고양이라도 변기 사용법을 쉽게 익힐 수 있도록 되어 있다. 고양이가 오물통 대신 변기를 사용하게 되기까지 소요되는 전체 훈련 기간은 대략 2개월 정도이다. 특별 하게 디자인된 이 시스템은 색깔이 칠해진 일련의 원반을 변기 위에 장착하는 것이다. 각 원반 들은 다른 크기로 되어 있다. 고양이는 변기를 덮고 있는 원반 위로 올라가 그것을 오물통 대신 사용할 것이다. 고양이가 변기 위에서 균형을 유지하고 자신 있는 태도를 보이면 점차 원반들 을 제거한다. 마침내 고양이는 아무것도 없는 변기를 사용할 수 있게 되며, 그들에게 원반이나 오물통은 필요 없다! 이 리터쿼터 프로그램은 www.litterkwitter.com.에서 볼 수 있다.

1. At the Red stage, your cat will learn to go into the bathroom whenever it needs to do its business. It will also learn to hop up onto the toilet to do it.

빨간색 단계에서 고양이는 용무를 보고 싶을 때마다 화장실로 가는 것을 익히게 된다. 또한 용무를 보기 위해 변기 위에 올라타는 것도 익힌다.

2. At the Amber stage, your cat will learn to navigate around the hole in the toilet pan and will begin to balance on the rim. It will also begin to rely less on

litter as it goes through the hole.

주황색 단계에서는 변기 원반 덮개 가운데 나 있는 구멍을 찾는 것을 익히게 되고, 그 가장 자리에서 균형을 잡기 시작한다. 또한 구멍을 사용하게 되면서 오물통에는 덜 의존하기 시 작할 것이다.

3. At the Green stage, your cat will be spraying through the hole in the disc and will be balancing entirely on the rim of the toilet. Its need for litter will reduce to nothing. By the end of this stage, the regular toilet seat can be lowered into place, and your cat will be toilet trained!

초록색 단계에서 고양이는 원반의 구멍으로 뿌리면서 완전히 변기 가장자리에서 균형을 잡 게 될 것이다. 오물통은 전혀 필요 없게 될 것이다. 이 단계의 마지막에 이르러 일반 변기 뚜껑을 제자리로 내려놓더라도, 이제 고양이는 그 변기를 자유자재로 사용할 수 있다!

Remember, when you see even the slightest glimmer that your cat understands the behavior you are trying to teach, reward it enthusiastically and smother it with praise.

가르치고자 하는 행동을 조금이라도 이해하는 낌새가 고양이에게 보이면, 열심히 상을 주고 칭 찬을 듬뿍 해주어야 한다는 것을 잊어서는 안 된다.

Cats are quiet and mysterious. Most stories about cats are shrouded with hard to explain events, and these stories leave humans guessing and conjecturing as to how these events have come to pass. Do cats really have nine lives? Read these truly amazing cat stories to truly understand why the cat is by far the number one pet in the world.

고양이는 조용하고 신비롭다. 고양이에 관한 이야기는 대부분 설명하기 어렵다. 그래서 사람들로 하여금 어떻게 이런 일들이 일어나게 되었는지 추측하게 한다. 고양이는 정말 목숨이 아홉 개일까? 다음의 놀라운 고양이 이야기를 읽고 왜 고양이가 세계적으로 단연 가장 사랑받는 애완동물인지를 진심으로 이해해 보자.

4

Amazing
Cat
Stories

놀라운 고양이 이야기

37 Emily the Fat Cat World Traveler

세계를 여행한 에밀리

Emily, an ordinary cat from Appleton, Wisconsin, went missing. Her owners had [1]obtained her from the local animal shelter a year earlier. It was not unusual for Emily to disappear for several days at a time, but after a week without seeing her, a search began. Four weeks of searching proved to be [2]fruitless, and all hope of finding her was lost. Then, out of nowhere, John Palarski, the veterinarian who had vaccinated Emily six months earlier, received a telephone call from an employee of a French company in Nancy, a town in northeastern France. They had found a cat in a shipping container still wearing its vaccination tags.

Emily was alive and well. The veterinarian contacted the owners immediately to inform them of the news. Many hours were spent [3]conjecturing how Emily could have hidden or have been trapped in a shipping container and survived a three-week [4]ordeal in the cargo hold of a ship crossing the Atlantic Ocean and trucked to Nancy, France. The biggest problem facing the owners was how to get her back. Luckily she had been vaccinated, but she would still have to endure a one-month [5]quarantine to return to the United States.

After hearing the [6]plight of the [7]wayward tabby that traveled across the world [8]by happenstance, Continental Airlines wanted to ensure that this story had a happy ending. The company offered to fly Emily back home at no cost. A full-fare ticket for Emily's business-class seat would have normally cost nearly $6,000, but the airline provided it, along with a company escort for the cat.

Emily didn't sip the bubbling champagne, and she didn't get to eat the [9]marvelous chocolate covered strawberries that the other business-class passengers did. However, she got to arrive home to the loving family that she left months earlier with a story that will no doubt be told for years to come. If only the cat could talk!

1 **obtain** 손에 넣다 2 **fruitless** 무익한, 소용 없는 3 **conjecture** 추측하다
4 **ordeal** 호된 시련 5 **quarantine** 검역 기간 6 **plight** 곤경, 궁지 7 **wayward** 말을
안 듣는, 제멋대로의 8 **by happenstance** 우연히 9 **marvelous** 훌륭한, 멋진

Comprehension Questions

1. What kind of a cat was Emily?
에밀리의 품종은 무엇인가?

2. What seemed to be fruitless?
무엇이 헛수고인 것 같았는가?

3. What led to Emily's owners knowing her whereabouts?
에밀리의 주인은 어떤 경로를 통해서 에밀리의 소재를 알게 되었는가?

4. How did Emily end up in France?
에밀리는 어떻게 프랑스로 가게 되었는가?

5. How did Emily arrive back home and at whose expense?
에밀리는 무엇을 타고 집으로 돌아왔고, 그 비용은 누가 지불했는가?

Translation

위스콘신 주 애플턴 시에 살고 있던 '에밀리'라는 한 평범한 고양이가 실종되었다. 그 주인은 1년 전에 그 지역의 동물보호소에서 에밀리를 데려왔다. 에밀리가 한 번 나가면 며칠씩 사라지는 것은 특이한 일은 아니었지만, 일주일이 지나도 보이지 않자 수색 작업이 시작되었다. 4주 동안의 수색은 헛수고였고, 에밀리를 찾게 될 거라는 희망은 모두 사라졌다. 그때 갑자기, 6개월 전 에밀리에게 백신 접종을 해준 존 팰러스키라는 수의사가 프랑스 북동부의 낭시라는 마을에 있는 한 회사의 직원으로부터 전화를 받았다. 선적된 컨테이너 안에서 백신 접종표를 여전히 달고 있는 고양이 한 마리를 발견했다는 것이었다.

에밀리는 살아 있었고 건강했다. 수의사는 즉시 주인에게 연락해 그 소식을 전했다. 사람들은 에밀리가 어떻게 그 컨테이너에 숨어들어 갇혔는지, 대서양을 횡단하는 선박의 화물칸 안에서 3주간의 시련을 어떻게 살아남을 수 있었는지, 그리고 프랑스의 낭시까지 어떻게 트럭으로 운반될 수 있었는지 추측하느라 많은 시간을 소비했다. 주인이 직면한 최대 문제는 에밀리를 어떻게 데려오느냐 하는 것이었다. 다행히도 에밀리는 백신 접종이 되어 있었지만, 그래도 미국으로 돌아오기 위해서는 한 달 동안 검역을 받아야만 했다.

뜻하게 않게 세계 여행을 하게 된 얼룩고양이의 비참한 상태를 알게 된 콘티넨틸 항공사는 이 이야기가 행복하게 끝나기를 바랐다. 항공사는 에밀리에게 집으로 돌아오는 항공편을 무료로 제공했다! 에밀리가 탄 비즈니스 클래스 좌석의 운임은 보통 거의 6천 달러에 이르지만, 항공사는 에밀리에게 회사 차원의 경호 서비스까지 제공했다.

에밀리는 다른 비즈니스 클래스 승객들처럼 기포가 올라오는 샴페인을 홀짝거리지도 않았고, 딸기를 얹은 멋진 초콜릿 케이크도 먹지 않았다. 그래도 에밀리는 몇 달 전에 떠나 온 사랑하는 가족이 있는 집으로 돌아왔다. 의심할 것도 없이 세월이 흐를수록 회자될 이야기들을 가지고서 말이다! 고양이가 말을 할 수 있다면!

38 Love Knows No Bounds

놀라운 추적 본능의 미셀

Alfonse and his pet cat, Misele, had been extremely close friends for at least 10 years. The 82-year-old farmer thought back to his birthday ten years earlier when his great grand children had presented him with a kitten. Alfonse had fallen ill and had been hospitalized, alone. Misele, who was still home, was showing signs of [1]irritability ever since her old master had been hospitalized.

She meowed uncontrollably, [2]paced back and forth [3]unpredictably, and ate very little. An incredible tracking [4]instinct, and a heart full of love, led Misele to seek out her master lying in a hospital bed 15 kilometers away. She [5]braved rock [6]quarries, cattle fields, and forests, as well as busy highways, in an attempt to be [7]reunited with the only person that has truly cared for her since she was a kitten.

Instinct guided her to the hospital in town, where she had never been before. Misele managed to sneak past [8]orderlies without [9]detection and was found by nurses, purring [10]contentedly, [11]draped across Alfonse's legs sound asleep. Alfonse was also asleep, [12]exhibiting a look of contentment on his face. The old farmer's condition began to [13]ameliorate the moment he was reunited with his cat, and his doctor did not have the heart to separate them. They both left the hospital together the following week and have never separated since.

1 irritability 성마름, 초조 **2 pace** 왔다 갔다 하다 **3 unpredictable** 예측할 수 없는
4 instinct 본능 **5 brave** 용감하게 맞서다 **6 quarry** 채석장 **7 reunite** 재결합하다
8 orderly 병원의 잡역부 **9 detection** 발견 **10 content** 만족하고 있는 **11 drape** (팔, 다리를) 아무렇게나 얹다, 척 걸치다 **12 exhibit** 나타내다 **13 ameliorate** 좋아지다

Comprehension Questions

1. What is Alfonse's profession?
   알퐁소의 직업은 무엇인가?

2. How did Alfonse come to be the owner of Misele?
   알퐁소는 어떻게 미셀을 키우게 되었는가?

3. What temperament and behavior did Misele display while her owner was hospitalized?
   주인이 입원해 있는 동안 미셀은 어떤 기질과 행동을 드러냈는가?

4. What type of terrain did the brave cat muddle through to reach her owner?
   주인에게 가기 위해 미셀은 어떤 지역을 통과해 지나갔는가?

5. What became of Alfonse's condition after he was reunited with Misele?
   미셀과 함께 있게 된 후 알퐁소의 건강 상태는 어떻게 되었는가?

 Translation

알퐁스와 그의 고양이 미셀은 10년 이상 아주 절친한 친구였다. 82살인 이 농부는 10년 전 자신의 생일을 회상해 보았다. 그때 그의 증손들은 그에게 새끼고양이를 선물해 주었다. 알퐁스는 병이 나서 병원에 혼자 입원해 있었다. 집에 남아 있던 미셀은 자신의 연로한 주인이 입원한 뒤부터 초조해하는 기색이 역력했다.

그 고양이는 걷잡을 수 없이 울어댔고, 예측 불가능하게 이리저리 왔다 갔다 했으며, 먹이도 거의 먹지 않았다. 놀라운 추적 본능과 진심에서 우러나온 사랑은 미셀로 하여금 약 15킬로미터 떨어져 있는 병원으로 주인을 찾아가도록 인도했다. 미셀은 어린 새끼 시절부터 자신을 진정으로 보살펴 준 사람과 함께 있기 위해 붐비는 고속도로, 채석장, 방목지, 숲 등을 아무 두려움 없이 지나갔다.

미셀은 본능에 의지하여 이전에 한 번도 가본 적이 없는 시내 병원에 도착했다. 미셀은 병원에서 근무하는 잡역부들에게 들키지 않고 지나칠 수 있었다. 간호사들은 만족한 듯이 가르랑거리면서 알퐁소의 다리에 척 걸쳐 깊이 잠들어 있는 고양이를 발견했다. 알퐁소 역시 그의 얼굴에 만족한 표정을 지으며 잠들어 있었다. 그 연로한 농부의 건강 상태는 자신의 고양이와 함께 있게 되면서 호전되기 시작했고, 그의 주치의는 차마 그 둘을 떼어 놓을 수 없었다. 그들은 다음 주에 함께 퇴원했고, 그 이후로는 서로 헤어진 적이 없었다.

Howie Hick the Housecat

응석받이 뚱보 하위

Howie was a ¹spoiled housecat that belonged to the Hick family, who lived in Adelaide, Australia. He was a ²pedigree Persian, as well as an indoor cat, that had never even seen a dog. Houseflies were his biggest ³prey. Howie certainly lived a life of luxury.

Howie was a fat cat in every sense of the term. Before going on an extended vacation, Howie's family brought him to live with other family members 1,000 miles away. Uncertain with his ⁴surroundings and unhappy with being left out of the vacation, Howie escaped from his temporary home after only a week of his arrival. When they returned, Howie's family was ⁵heartbroken to learn of his escape. They searched for him for over a month without success, returning empty-handed to Adelaide.

Home was not the same without Howie. Every day something would remind the Hick family of their wonderful pet cat. Even after a year, they could not bring themselves to get another cat. One afternoon, while cleaning the house, Mrs. Hick discovered a miserable-looking, longhaired cat with a ⁶wounded paw near the window. It was [7]filthy and [8]starved. Kirsten, her daughter, recognized right away that it was Howie, but her mother couldn't believe that this was their pedigree Persian.

Somehow this [9]pampered Persian made the 1,000 mile [10]trek in one year, [11]fording rivers, crossing two [12]tracts of [13]hostile desert, and fighting his way through the [14]vast wilderness of the Australian [15]outback. He knew where his home was, and neither distance nor danger could keep him from coming back. After [16]heaps of food and love, it wasn't long before Howie was again the proud Persian king of the house.

1 **spoild** 버릇없는   2 **pedigree** 혈통   3 **prey** 먹이   4 **surroundings** 주위 환경
5 **heartbroken** 비탄에 잠긴   6 **wounded** 상처를 입은   7 **filthy** 더러운   8 **starved** 굶주린   9 **pamper** 응석 받아 주다   10 **trek** 고생하며 여행하다   11 **ford** (얕은 곳을 따라 개울을) 걸어서 건너다   12 **tract** 지역, 구역   13 **hostile** (기후·환경 등이) 부적당한, 해가 되는   14 **vast** 거대한   15 **outback** 오지   16 **heap** 많음, 다량

Comprehension Questions

1. **What breed of cat was Howie?**
   하위의 품종은 무엇인가?

2. **What type of lifestyle did Howie live before his big journey?**
   하위는 대단한 여행을 하기 전에 어떤 유형의 생활을 하였는가?

3. **Why couldn't the Hick family bring themselves to purchase another cat?**
   왜 힉 가족은 다른 고양이를 사서 데려올 수 없었는가?

4. **Why would you expect Howie to be unqualified or incapable of making such a journey?**
   하위가 그런 여행을 하는 것이 불가능하거나 할 만한 자격이 없다고 생각된다면 그 이유는 무엇인가?

 Translation

하위는 버릇없는 집고양이로, 오스트레일리아의 애들레이드 시에 거주하는 힉 가족과 함께 살고 있었다. 그 수고양이는 혈통 있는 페르시아고양이였으며, 난생 강아지조차 구경해 본 적이 없을 정도로 집 안에서만 지냈다. 집 안의 파리가 그의 가장 큰 먹이였다. 하위는 분명히 사치스러운 삶을 살았다.

하위는 말 그대로 뚱보 고양이였다. 하위의 가족은 긴 휴가를 떠나기 전에 1600킬로미터 정도 떨어져 살고 있는 가족의 일원에게 하위를 맡겼다. 주위 환경이 불확실하고 휴가를 따라가지 못하고 남겨진 것에 기분이 상한 하위는 도착한 지 1주일 만에 임시 거처를 나와 버렸다. 힉 가족은 휴가에서 돌아와 고양이의 가출 소식을 전해 듣고 매우 상심했다. 그들은 한 달 이상 하위를 찾다가 빈손으로 애들레이드로 돌아갔다.

하위가 없는 집은 예전 같지 않았다. 매일 힉 가족은 무언가를 보면 그들의 멋진 고양이를 떠올리곤 했다. 1년이 지나도 그들은 다른 고양이를 사서 데려올 수가 없었다. 어느 날 오후, 집 안을 청소하던 힉 부인은 창가에서 발에는 상처가 있고 털이 긴 불쌍한 고양이 한 마리를 발견했다. 그 고양이는 지저분하고 굶주려 있었다. 그녀의 딸 커스튼은 그 고양이가 하위라는 것을 즉시 알아차렸지만, 힉 부인은 그것이 자신들의 페르시아고양이라는 사실이 믿어지지 않았다.

이 응석받이 페르시아고양이는 1년 동안 1600킬로미터의 거리를 온갖 고생을 다하며 달려온 것이다. 하위는 강의 얕은 곳을 따라 건너고, 가혹한 사막을 두 군데나 가로지르면서 오스트레일리아 오지의 광활한 황무지를 통과했다. 그는 자기 집이 어디에 있는지를 알고 있었고, 거리가 멀거나 위험한 것은 그의 귀환을 막지 못했다. 풍성한 먹이와 사랑을 받자 곧 하위는 다시 거만한 그 집의 페르시아 왕이 되었다!

40 Sir Henry Wyatt

헨리 와이엇 경의 고양이

Stories about cats from the 1700's and 1800's have survived to this day. It was [1]commonplace to refer to a cat by their owner's name.

One such story is about Sir Henry Wyatt and his cat. Wyatt was keeper of the crown jewels during the reign of Henry VI and Henry VII. For some unknown reason, Wyatt [2]fell out of favor with the king and was mercilessly thrown in prison to rot.

He was allowed only his cat for company. Survival in prison during that period in history depended entirely of food and Wyatt was able to survive the [3]starvation because of his beloved cat's [4]initiative. His cat hunted and served pigeons to Wyatt to eat on a daily basis and although not tasty, they provided enough iron and [5]protein for Sir Henry to live to tell the tale of his [6]compassionate loyal feline.

---

1 **commonplace** 보통인 2 **fall out of favor with** ~의 은총을 잃다 3 **starvation** 기아 (상태), 결핍 4 **initiative** 솔선, 독창력 5 **protein** 단백질 6 **compassionate** 동정심이 많은

Comprehension Questions

1. Who was Sir Henry Wyatt?

헨리 와이엇 경은 무슨일을 하는 사람이었는가?

2. Why was he imprisoned?

왜 그는 감옥에 갇히게 되었는가?

3. How did he survive?

어떻게 그는 살아남을 수 있었는가?

 Translation

1700년대와 1800년대의 고양이에 관한 이야기는 오늘날까지도 회자되고 있다. 그 당시에는 주인의 이름을 따서 고양이를 부르는 것이 흔한 일이었다.

그런 이야기 중 하나가 헨리 와이엇 경과 그의 고양이에 관한 것이다. 와이엇은 헨리 6세와 헨리 7세의 통치 기간 동안 왕관의 보석을 보관하는 사람이었다. 무슨 영문인지 모르지만, 와이엇은 왕의 은혜를 얻지 못해 무자비하게 감옥에 들어가 썩게 되었다.

고양이만이 그와 같이 있을 수 있도록 허용되었다. 역사상 그 시대의 감옥에서 생존하는 것은 전적으로 음식에 달려 있었으며, 와이엇은 그의 사랑하는 고양이가 적극적으로 나섬으로써 기아 상태를 면할 수 있었다. 그의 고양이는 매일 비둘기를 사냥해 와이엇에게 제공했고, 비록 맛은 없었지만 헨리 경이 생존하는 데 필요한 철분과 단백질을 공급해 주었다. 그 덕분에 헨리 경은 살아서 온정 있고 충직한 자신의 고양이에 대한 이야기를 전할 수 있었다.

41 The Loyal Companion

용맹하고 충직한 딜로리스

Kyle had come to be the owner of a ¹stray cat that had chosen to live with him. Kyle named her Delores. Delores was quite ²aloof to Kyle and kept her distance, avoiding mere contact. That was fine for Kyle. He just loved the companionship no matter how ³anomalous it was.

Whenever the lights were turned off, Delores became upset and ⁴agitated. But Kyle didn't care. At night he would leave all the lights on in the apartment. There was something about the cat's quiet, ⁵unassuming manner that appealed to him. Kyle figured that someday the cat would eventually warm up to him, and they would become close friends. For the next 10 months, Kyle loved Delores for exactly who she was and let her keep her distance.

One evening in May, everything changed. It began like any other. Just before going to sleep, Kyle checked to make sure all of the lights were on and that the doors were locked. After falling asleep, sometime later, he opened his eyes. Darkness and thick smoke filled the bedroom. All Kyle could see or feel was Delores jumping on his body trying to warn him of the [6]impending danger. Startled and confused, the pair exited the bedroom and headed towards the back door, but not without problems. Kyle had already [7]inhaled plenty of deadly smoke and passed out just before reaching the door that led to the outside.

Delores jumped and scratched Kyle [8]feverishly in an effort to [9]revive him. Kyle successfully awoke, and once again, the pair made their way to safety.

Both Delores and Kyle survived that fateful night and became closer than ever before. Surprisingly, from that night onward Delores developed a desire to be touched and cuddled, preferably in Kyle's lap. Delores received the American Humane Association's William O. Stillman award for bravery.

1 stray 길 잃은, 집 없는   **2 aloof** 쌀쌀한, 무관심한   **3 anomalous** 특이한   **4 agitated** 흥분한, 동요하고 있는   **5 unassuming** 겸손한, 삼가는   **6 impending** 곧 일어날 듯한   **7 inhale** (연기 등을) 흡입하다   **8 feverish** 흥분한   **9 revive** 되살리다

Comprehension Questions

1. **How did Kyle come to be the owner of Delores?**
   카일은 어떻게 딜로리스의 주인이 되었는가?

2. **How did Delores react to Kyle's love and affection toward her?**
   딜로리스는 자신을 향한 카일의 사랑과 애정에 어떻게 반응했는가?

3. **What would make Delores agitated?**
   딜로리스를 동요하게 만든 것은 무엇인가?

4. **What characteristic about Delores appealed to Kyle?**
   딜로리스의 어떤 특성이 카일을 끌어당겼는가?

5. **How did Delores prove her friendship and bravery to Kyle?**
   딜로리스는 카일에게 자신의 사랑과 용맹성을 어떻게 입증해 보였는가?

6. **How has Delores changed since that fateful night?**
   그 운명의 밤 이후로 딜로리스는 어떻게 달라졌는가?

Translation

카일은 집 없는 고양이와 함께 살기로 결정을 내리고 그 고양이의 주인이 되었다. 카일은 그 고양이에게 딜로리스라는 이름을 지어 주었다. 그러나 딜로리스는 카일에게 꽤 쌀쌀맞게 굴었고, 사소한 접촉도 꺼리면서 늘 일정한 거리를 두었다. 카일은 그것까지도 괜찮았다. 그는 비록 고양이가 별나게 굴지라도 고양이와 친하게 지내고 싶을 뿐이었다.

불이 꺼질 때마다 딜로리스는 심란해 하며 동요했다. 그러나 카일은 개의치 않고 밤에는 아파트의 모든 불을 켜 두곤 했다. 딜로리스의 조용하면서도 겸손한 태도에는 카일을 끌어당기는 무언가가 있었다. 카일은 결국 언젠가는 딜로리스가 자신과 친해질 것이고, 그 후에는 가까운 친구가 될 수 있을 것이라고 생각했다. 그 후 열 달 동안 카일은 딜로리스 그 자체를 사랑했으며, 그 암고양이가 거리를 유지하는 것을 내버려 두었다.

그러다가 5월의 어느 날 밤, 모든 것이 바뀌었다. 여느 날과 마찬가지로 카일은 잠자러 가기 직전에 모든 불이 켜져 있는지 문은 잠가져 있는지 확실히 점검했다. 깊은 잠에 빠진 후 얼마 되지 않아 카일은 눈을 떴다. 침실은 깜깜했고 짙은 연기로 가득 차 있었다. 카일이 보고 느낄 수 있는 전부는 딜로리스가 그의 몸으로 뛰어 올라와 임박한 위험을 경고하려고 하고 있는 것이었다. 둘은 깜짝 놀라고 당황하여 침실을 나와 뒷문으로 향했으나, 문제가 발생했다. 카일은 이미 치사량의 연기를 흡입하여 밖으로 나가는 문에 도착하기도 전에 기절해 버렸던 것이다.

딜로리스는 카일의 몸에 뛰어올라 의식을 회복시키기 위해 미친 듯이 할퀴어댔다. 그 덕분에 카일은 깨어났고, 다시 둘은 안전한 곳으로 피신했다.

딜로리스와 카일 모두 그 운명의 밤에서 살아남을 수 있었고, 이전보다 가까워졌다. 놀랍게도 그날 밤 이후로 딜로리스는 카일이 만져 주는 것과 그의 무릎 속에 들어가는 것을 좋아하기 시작했다. 딜로리스는 용맹한 행동을 인정받아 미국인도주의협회가 수여하는 윌리엄 스틸먼 상을 받았다.

42 Wonder Kitty Duo

경이로운 새끼고양이 두 마리

Veronica Cameron, a single mother of three teenage daughters, had held off turning up the home heating until a winter ¹cold snap had gripped her town. One of her daughters told her to turn off the heating system in order to ²conserve energy bills, so Veronica did just that after having only turned it on for several minutes.

The next morning just after her daughters had ³scurried off for school, Veronica decided once again to turn on the heating system, but something went terribly wrong! Fifteen minutes later, her cats started meowing and ⁴yowling. The troubling sound made Veronica ⁵tremble. She knew something was just not right.

Veronica's two cats acted as if they were dying, making the most horrible noises imaginable. Suddenly, Veronica herself felt ill and began to vomit. She called an emergency operator and made her way outside with her two cats before ⁶collapsing.

When the ⁷paramedics arrived, Veronica lay collapsed in her front yard with her two cats ⁸adjacent to her, yowling. Veronica suffered from [9]carbon monoxide poisoning but made a full recovery.

Veronica believes that if her pets had not warned her about the danger, she might never have seen her children again. She [10]accredits her life to the [11]keen sense of her two companions, and although heating bills are still a concern, she never thinks twice when buying the best cat food for her feline heroes.

---

1 **cold snap** 갑작스러운 한파   2 **conserve** 절약하다   3 **scurry** (종종걸음으로) 급히 가다
4 **yowl** (동물이) 구슬프게 울다   5 **tremble** (공포 등으로) 부르르 떨다   6 **collapse** 쓰러지다
7 **paramedic** 의료 보조자   8 **adjacent** 부근의, 근방의   9 **carbon monoxide** 일산화
탄소   10 **accredit** (어떤 일을 ~의) 공으로 돌리다   11 **keen** 예민한

Comprehension Questions

1. Why do you think Veronica held off from turning on her heating system?

   베로니카가 난방기의 온도를 높이지 않기로 한 이유는 무엇이라고 생각하는가?

2. How did Veronica's cats warn her of the impending danger?

   베로니카의 고양이들은 어떤 식으로 그녀에게 눈앞에 당도한 위험을 경고했는가?

3. What was the extent of Veronica's poisoning?

   베로니카의 중독 상태는 어느 정도였는가?

4. What might have happened if Veronica had not listened to her daughters the night before?

   베로니카가 간밤에 딸들의 의견에 귀를 기울이지 않았다면 무슨 일이 일어났겠는가?

5. In your opinion, why does Veronica appear not to hesitate when purchasing expensive cat food?

   값비싼 고양이 사료를 구매할 때 베로니카가 망설임을 보이지 않는 이유는 무엇이라고 생각하는가?

Translation

세 명의 10대 딸을 홀로 키우고 있는 베로니카 캐머런은 겨울철에 갑작스러운 한파가 마을을 강타하기 전까지는 난방기의 온도를 높이지 않기로 하였다. 그러나 딸들 중 하나가 연료비 절감을 위해 난방기를 끄자고 하자, 베로니카는 단지 몇 분 동안만 가동시키고는 꺼 버렸다.

다음날 아침 딸들이 서둘러 등교한 후, 베로니카는 다시 한번 난방기를 켜기로 했다. 그러나 무엇인가가 매우 잘못되었다! 15분 후, 그녀의 고양이들이 울고 신음소리를 내기 시작했다. 그 괴로운 소리 때문에 베로니카는 몸을 부르르 떨었다. 그녀는 무언가 잘못되었다는 것을 알 수 있었다.

베로니카의 두 고양이는 아주 끔찍한 소리를 내면서 마치 죽어가는 시늉을 하였다. 갑자기 베로니카 자신도 몸이 좋지 않은 느낌이 들더니 토하기 시작했다. 그녀는 구급대에 전화를 걸고 두 고양이와 함께 밖으로 나오다가 쓰러지고 말았다.

구급 대원이 도착했을 때 베로니카는 앞마당에 쓰러져 있었고, 그녀 옆에는 두 마리의 고양이가 신음하고 있었다. 베로니카는 일산화탄소에 중독되었던 것인데 그 후 완전히 회복되었다.

베로니카는 애완동물들이 자기에게 위험에 대해 경고하지 않았더라면 두 번 다시 딸들을 볼 수 없었을 것이라고 생각한다. 그녀가 살게 된 것은 모두 두 새끼고양이의 예민한 감각 덕분이라고 생각하며, 비록 난방비는 여전히 걱정하면서도 고양이 영웅들을 위해 망설이지 않고 최고급 사료를 구입한다.

43 Tommy Supercat
슈퍼 고양이 토미

Gary Rosheisen is a ¹wheelchair-bound elderly man that ²resides in the city of Columbus, Ohio. One day, several years ago, Gary decided to become the owner of a cat with hopes that the constant companionship of a feline would help him ³cope with his health ⁴ailments. Cats have been known to help lower high-blood pressure in humans. Gary Rosheisen is not only wheelchair-bound, he also suffers from ⁵osteoporosis and ministrokes that prevent him from rising after a fall.

Although Gary had a medical-alert necklace that would automatically dial for paramedics in case of an emergency, he thought it would be helpful to teach his cat Tommy how to call for help, just in case. Over the course of three years, Gary taught Tommy how to press the ⁶preprogrammed speed dial button that connects directly to 911 in case of an emergency.

On one ⁷fateful cold day in December, Gary ⁸toppled from his wheelchair, falling next to his bed. Gary's medical condition prevented him from rising to reach a cord above his pillow that alerts paramedics when he needs medical attention. To make matters worse, Gary hadn't put on his necklace either, so there was no way for him to alert anyone of his condition.

Gary lay powerless on the floor [9]moaning and [10]groaning before Tommy came to his master's aid. Half consciously, he instructed his talented tabby to make way to the phone and dial for help. Tommy disappeared soon after, and Gary continued moaning, slipping in and out of consciousness for some time.

Tommy realized that his [11]incoherent master was in a jam, and he had to call the police, just as he had been trained to do.

Sometime later, officer Daugherty entered into Gary's home only to find Tommy, the orange-and-tan striped cat, lying next to the telephone on the living room floor. Tommy led the officer to his fallen master, and Mr. Rosheisen was saved. Tommy had done just as he had been trained to do.

---

1 wheelchair-bound 휠체어 신세를 지는 **2 reside** 살다 **3 cope** (문제·일 등에) 대처하다 **4 ailment** 병, 불안 **5 osteoporosis** 골다공증 **6 preprogrammed** 사전에 프로그램된 **7 fateful** 운명을 결정하는 **8 topple** 쓰러지다 **9 moan** 신음하다, 끙끙거리다 **10 groan** 신음 소리를 내다, 끙끙대다 **11 incoherent** 두서없이 말하는

Comprehension Questions

1. Why did Gary decide to have a cat for a pet?

게리는 왜 애완용 고양이를 키우기로 결심했는가?

2. How did Gary get around?

게리는 어떻게 돌아다녔는가?

3. How long has Tommy been Gary's companion?

토미는 게리와 얼마 동안 함께 지냈는가?

4. How did Tommy save Gary?

토미는 어떻게 게리를 구했는가?

 Translation

게리 로제이센은 휠체어를 타고 다녀야만 하는 노인으로, 오하이오 주 컬럼버스 시에 거주하고 있다. 몇 년 전의 어느 날, 게리는 고양이를 키우기로 결심했는데, 고양이와 항상 같이 있게 되면 질환에 대처하는 데 도움이 될 것이라는 바람에서였다. 고양이들은 인간의 고혈압을 낮추는 데 일조하는 것으로 알려져 있다. 게리 로제이센은 휠체어를 타야 할 뿐만 아니라 골다공증과 일과성 뇌허혈발작이 있어 한 번 쓰러지면 일어나지 못한다.

비록 비상사태 때 자동으로 구급대에 전화를 걸게 되는 의료 경보 목걸이를 착용하고 있었지만, 게리는 자신의 고양이 토미에게 구조 요청 전화를 걸도록 가르치는 것이 만약의 경우 도움이 될 것이라고 생각했다. 그래서 게리는 3년 넘게 토미에게 사전에 입력된 단축 번호 버튼을 누르는 방법을 가르쳤는데, 그 단축 번호 버튼은 비상 사태 때 911에 바로 연결되는 것이었다.

운명적인 12월의 추운 어느 날, 게리는 휠체어에서 떨어져 침대 옆에 쓰러졌다. 그의 신체 상태 때문에 몸을 일으켜 베게 위쪽에 있는 줄을 잡을 수가 없었다. 그 줄은 간호가 필요할 때 구급 대원을 부르는 것이었다. 설상가상으로 게리는 목걸이 또한 차고 있지 않아 다른 사람에게 자신의 상태를 알릴 수 있는 방법이 전혀 없었다.

토미가 주인을 도우러 올 때까지 게리는 끙끙 신음소리를 내며 바닥에 힘없이 누워 있었다. 반쯤 의식이 있는 상태에서 게리는 그 영리한 얼룩고양이에게 전화기로 가서 구조 요청을 하라고 지시했다. 토미는 곧바로 사라졌고, 게리는 얼마 동안 혼미한 상태에서 계속 신음하고 있었다.

토미는 두서없이 말하는 주인이 곤경에 처해 있으며, 자신은 훈련 받은 대로 경찰에 전화를 걸어야 한다는 것을 깨달았다.

얼마 후 도어티 순경이 게리의 집 안으로 들어와, 거실 바닥 전화기 옆에 누워 있는 황갈색 줄무늬의 토미를 발견했다. 그러자 토미는 순경을 쓰러져 있는 주인에게로 안내했고, 로제이센 씨는 구조되었다. 토미는 바로 자신이 훈련받은 대로 한 것이다.

44 Speedy

용기와 희망을 주는 스피디

Speedy's mother was a ¹stray cat living in a housing development outside of Millersville, Pennsylvania, USA. She had nested into an ²overgrown ³hedge outside an elderly couple's home after giving birth to her ⁴litter. There she would tend to her young daily.

One day, as Mr. Smith finally ⁵got around to trimming the ⁶unkempt hedge after ⁷procrastinating for some time, he discovered Speedy's mother with several other kittens in the ⁸underbrush. Most of the startled kittens ⁹scampered several meters away and began mewing for their mother, while at Mr. Smith's feet, remained the mother cat and one kitten.

At first glance, it seemed as if the little kitten was normal, but after looking closely, Mr. Smith observed that the cute black and white kitten was injured and could not walk correctly. Mr. Smith immediately called a local animal rescue organization.

At the clinic, x-rays were taken during the first week, and it was discovered that the little black and white, blue-eyed kitten had been born without a ¹⁰pelvic bone.

Dr. Edwin Jeszenka of the Lincoln Highway Veterinary Clinic in Lancaster, Pennsylvania, decided to [11]adopt the stray kitten and develop a mobile [12]prosthetic cart for him to get around in.

Sketches were drawn and [13]prototype carts were built with a toy similar to Lego. Dr. Jeszenka [14]harnessed the tiny toy cart to the kitten's [15]hindquarters. Co-workers and other staff members watched in amazement as the little kitten began to move, unaided, from place to place around the clinic. By the end of the first day, the little stray was dubbed the name, Speedy, for zipping around the office with a new found freedom.

[16]Modifications and improvements were constantly made to [17]adapt to Speedy's growing body, providing comfort and stability to the active feline.

Speedy's remarkable story of hope, love, and compassion inspired thousands and gained international attention through radio, TV, and newspaper articles throughout the world.

1 **stray** 집 없는　2 **overgrown** 너무 크게 자란　3 **hedge** 관목　4 **litter** 한배의 새끼
5 **get around to** 겨우 착수하다, ~할 여유가 나다　6 **unkempt** 흐트러진, 단정치 못한
7 **procrastinate** 미루다, 연기하다　8 **underbrush** 큰 나무 밑의 덤불　9 **scamper** 허둥지둥 도망치다　10 **pelvic** 골반의　11 **adopt** 입양하다　12 **prosthetic** 보철의
13 **prototype** 원형　14 **harness** ~에 마구를 채우다, 장착하다　15 **hindquarter** 뒷다리
16 **modification** 변경, 수정　17 **adapt** 적응시키다

Comprehension Questions

1. How was Speedy different from the other kittens in the litter?

스피디는 한배에서 태어난 다른 새끼고양이들과 어떻게 달랐는가?

2. What did Speedy need to help him become mobile?

스피디는 이동하기 위해 무엇이 필요했나?

3. What was his cart made from?

스피디의 수레는 무엇으로 만들어졌는가?

4. How did Speedy get his name?

스피디라는 이름은 어떻게 붙여진 것인가?

5. What kind of life do you think Speedy might have lived if Mr. Smith had procrastinated further?

스미스 씨가 좀더 늑장을 부렸다면 그 새끼고양이는 어떤 종류의 삶을 살았을 것이라고 생각하는가?

Translation

스피디의 어미는 미국 펜실베이니아 주 밀러스빌 시의 외곽에 위치한 주택 단지에 사는 집 없는 고양이였다. 그 어미고양이는 새끼들을 출산한 후, 어느 노부부의 집 밖에 있는 무성하게 자란 관목 속에 보금자리를 마련했다. 그리고 그곳에서 매일 새끼들을 돌보았다.

어느 날 스미스 씨가 한동안 늑장을 부려 무성해진 관목의 가지를 치려고 나왔다가, 덤불 속에서 여러 새끼들과 함께 있는 스피디의 어미를 발견했다. 깜짝 놀란 새끼고양이들은 대부분 몇 미터 멀리 허둥지둥 도망간 후 어미를 찾으며 울어대기 시작했다. 한편 스미스 씨의 발치에는 어미고양이와 새끼 한 마리가 남아 있었다.

얼핏 보면 그 조그마한 새끼고양이는 정상인 것처럼 보였지만, 스미스 씨가 자세히 관찰한 결과 그 귀여운 흑백의 새끼고양이는 똑바로 걸을 수 없고 부상도 당했다는 것을 알아차릴 수 있었다. 그는 즉시 그 지방의 동물 구조 기관에 전화를 걸었다.

진료소에서는 첫 주간에 X레이를 촬영하여, 푸른 눈을 가진 그 조그마한 흑백 새끼고양이가 골반뼈 없이 태어났음이 밝혀졌다. 펜실베이니아 주 랭커스터에 소재한 링컨하이웨이 동물병원의 의사인 에드윈 제스젠카는 집 없는 그 새끼고양이를 기르면서 그 고양이가 타고 돌아다닐 수 있는 이동식 의족 같은 수레를 개발해 주기로 결심했다.

밑그림을 그린 다음 레고와 비슷한 장난감을 사용해 그 수레의 시제품이 만들어졌다. 제스젠카 의사는 그 조그만 장난감 수레를 새끼고양이의 뒷다리에 장착하였다. 동료들과 다른 직원들은 새끼고양이가 아무런 도움 없이 진료소를 돌아다니기 시작하자 놀라면서 그 모습을 지켜보았다. 첫날이 끝나갈 무렵, 그 집 없는 새끼고양이에게는 '스피디'라는 별명이 붙여졌는데, 새로이 찾은 자유를 만끽하며 진료소 주변을 쌩쌩 돌아다녔기 때문이었다.

스피디의 성장하는 몸에 맞추어 수정과 개선이 꾸준히 가해짐으로써 활동적인 고양이가 편안하고 안정감을 느끼게 했다.

희망, 사랑, 연민을 느끼게 하는 스피디에 관한 놀라운 이야기는 수천 명의 사람들에게 영감을 주었고, 라디오, TV, 신문 기사를 통해 세계적인 관심을 끌었다.

45 The Divine Kitty from Above

하늘이 내린 새끼고양이

Pastor Jim was caring for a stray kitten that climbed up a tree in his backyard and became too afraid to come down. The pastor tried to [1]coax the kitty, offering warm milk and other treats, but [2]to no avail. The tiny kitty would simply not come down.

Since the tree appeared too [3]wobbly and unsafe to climb, the pastor [4]devised a plan to rescue the frightened kitty. Pastor Jim thought that if he tied a rope to his car and one end to the tree at mid-height, he might be able to bend the tree down far enough to rescue his kitty.

Pastor Jim followed through with his plan, checking his progress from the car window [5]frequently. Pleased with the [6]headway he was having, he decided to [7]nudge the car just a little bit further to [8]ensure success when suddenly the rope snapped, and the kitty instantly sailed through the air and out of sight.

The pastor was [9]devastated and [10]overcome with regret. If only he had used a stronger rope or borrowed a ladder, the little kitten would have already been purring safely on Pastor Jim's sofa. Pastor Jim walked through the neighborhood, [11]weaving in and out of hedges and gardens, before giving up the search for his lost kitten. He began to pray. "Lord, I commit this kitten to your keeping," he said.

A few days later, he was at the grocery store and met one of his church members. Pastor Jim happened to look into her shopping cart and was surprised to see cat food. Pastor Jim was well aware that this woman disliked cats, so he asked her, "Why are you buying cat food when you hate cats so much?" The woman replied, "You won't believe this." Then she told him how her little girl had been begging her for a cat, and she had kept refusing. A few days earlier, the child had begged again, so the Mother, [12]agitated with her daughter's [13]persistency, told her little girl, "Well if God gives you a cat, I'll let you keep it."

The woman went on to tell the pastor, "I watched as my child went out into the backyard, got on her knees, and began to pray. Suddenly, a kitten flew out of nowhere, with its paws spread out, and landed right into my daughter. I couldn't believe my eyes!"

Filled with a warm sense of relief and contentment Pastor Jim said, "Never [14]underestimate the Power of God."

---

1 **coax** 감언으로 설득하다   2 **to no avail** 무익하게   3 **wobbly** 흔들리는   4 **devise** 계책을 궁리하다   5 **frequently** 자주   6 **headway** 전진, 진보   7 **nudge** 살짝 밀다   8 **ensure** 확실하게 하다   9 **devastate** 망연자실케 하다   10 **overcome** 압도하다   11 **weave** 누비고 나아가다   12 **agitate** 동요시키다   13 **persistency** 집요함   14 **underestimate** 과소평가하다

Comprehension Questions

1. **How did Pastor Jim try to coax his kitten down from the tree?**
   짐 목사는 새끼고양이가 나무에서 내려오게 하려고 어떤 식으로 구슬렀는가?

2. **What type of plan did the pastor devise to rescue the treed kitten?**
   목사는 나무 위로 올라간 새끼고양이를 구하기 위해 어떤 계획을 궁리했는가?

3. **What alternate methods could have safely rescued the kitten?**
   다른 어떤 방법들이 고양이를 안전하게 구조할 수 있었을까?

4. **How did the young girl come to be the new owner of Pastor Jim's lost kitten?**
   어린 소녀는 어떻게 해서 짐 목사가 잃어버린 새끼고양이의 주인이 되었는가?

Translation

짐 목사는 뒤뜰에 있는 나무 위로 올라간 뒤 너무 두려운 나머지 내려오지 못하고 있는 집 없는 새끼고양이 한 마리를 돌보고 있었다. 목사는 따뜻한 우유와 다른 상을 내놓고 그 새끼고양이를 구슬렀으나 아무 소용이 없었다. 조그만 새끼고양이는 전혀 내려오려고 하지 않았다.

나무가 너무 흔들리고 불안전해 보여 직접 올라갈 수 없었기 때문에, 목사는 겁먹은 새끼고양이를 구조할 계획을 궁리했다. 짐 목사 생각으로는 자기의 차에 줄을 묶은 후 반대쪽 줄 끝을 나무 중간에 묶으면, 나무를 아래로 구부려 새끼고양이를 구조할 수 있을 것 같았다.

짐 목사는 자주 차창 밖으로 진행 과정을 살피면서 계획을 실행에 옮겼다. 진행 상태에 만족한 그는 확실한 성공을 위해 차를 조금만 더 밀려고 했다. 그러나 바로 그때 갑자기 줄이 툭 끊어져 버렸고, 새끼고양이는 순식간에 공중으로 붕 뜨더니 시야에서 사라져 버렸다.

목사는 망연자실하고 후회막급이었다. 좀더 튼튼한 줄을 쓰거나 사다리를 빌려왔더라면 그 조그마한 새끼고양이는 이미 그의 집 소파에 안전하게 있으면서 가르랑거리고 있었을 것이다. 잃어버린 새끼고양이를 단념하기에 앞서 짐 목사는 인근을 걸어 다니면서 관목과 정원 안팎을 샅샅이 살폈다. 그는 기도하기 시작하였다, "주님, 이 새끼고양이를 주님께 맡기나이다."

며칠 후, 그는 채소가게에서 교회 신도 하나를 만났다. 짐 목사는 우연히 신자의 쇼핑 카트를 들여다보다가 고양이 사료를 발견하고는 깜짝 놀랐다. 짐 목사는 이 여자가 고양이를 아주 싫어한다는 것을 잘 알고 있었기에 그녀에게 물었다, "고양이를 무척 싫어하시면서 왜 고양이 사료를 사 가세요?" 그녀는 "목사님도 믿지 못하실 거예요." 하고 대답하면서 자기의 딸이 고양이를 키우자고 졸랐지만 자기가 계속 거절한 이야기를 했다. 그러다가 며칠 전 그 아이가 다시 조르자 딸의 집요함에 마음이 흔들린 그 엄마는 딸에게 이렇게 말했다는 것이다. "만약 하느님께서 네게 고양이를 주신다면 키우도록 허락하마."

그 여자는 목사에게 계속해서 말했다. "저는 딸아이가 뒤뜰로 나가 무릎을 꿇고 기도하는 것을 지켜보았어요. 그런데 갑자기 새끼고양이가 발을 쫙 벌린 채 불쑥 날아와서는 바로 제 딸아이한테 떨어지는 게 아니겠어요! 저는 제 눈을 믿을 수가 없었다니까요!"

안도감과 만족감으로 충만해진 짐 목사는 말했다. "하느님의 능력을 과소평가해서는 안 되지요."

46 Motherly Love

용감한 모성애의 스칼렛

In the ¹indigent ²slums of Brooklyn, New York, a cat named Scarlett and her litter made their home in an old ³abandoned garage. On the fateful day of March 30, 1996, a terrible fire quickly began to swallow up the abandoned building, and the New Your City Fire Department was ⁴dispatched to extinguish it.

During the battle to control the blaze, a firefighter named David Giannelli noticed Scarlett ⁵scampering to and from the burning garage. Scarlett had braved smoke and the ⁶immense heat that ⁷engulfed her home, in a ⁸gallant attempt to rescue all five of her kittens from certain ⁹doom.

With her eyes blistered shut and her coat nearly entirely burned away, Scarlett gave one last ¹⁰nudge with her badly burned nose, checking to see if her kittens were still alive before collapsing.

Giannelli responded without hesitation, bringing the badly injured mother and her kittens to the North Shore Animal Clinic for treatment. Shortly thereafter, the ¹¹runt of the litter died due to an ¹²infection.

Despite this tragedy and nearly three months of treatment, Scarlett and her four remaining kittens were well enough to be adopted.

The fearless feline's motherly love in the face of danger gained her international status as a [13]valiant [14]heroine, prompting over seven thousand adoption request letters worldwide.

Scarlett herself was adopted, too, and now resides in Long Island with Karen Wellen. In [15]recognition of Scarlett's [16]intrepid acts of courage and selfless devotion, the North Shore Animal League has created an award of Heroism in her honor. This [17]accolade is [18]bestowed to animals that have engaged in heroic acts to benefit others.

1 indigent 가난한   **2 slum** 빈민가   **3 abandoned** 버려진, 폐기된   **4 dispatch** 급파하다   **5 scamper** 허둥지둥 급히 뛰다   **6 immense** 거대한   **7 engulf** 삼켜 버리다   **8 gallant** 용맹스러운   **9 doom** 불운, 죽음   **10 nudge** 살짝 찌르기   **11 runt** 작은 동물   **12 infection** 감염   **13 valiant** 영웅적인   **14 heroine** 여걸, (여자) 영웅   **15 recognition** 인정, 치하   **16 intrepid** 두려움을 모르는   **17 accolade** 표창   **18 bestow** 수여하다, 주다

Comprehension Questions

1. **Where and when does this story take place?**
   이 이야기는 언제 어디서 일어난 것인가?

2. **How did Scarlett rescue her kittens?**
   스칼렛은 새끼고양이들을 어떻게 구했나?

3. **Who helped Scarlett and her kittens?**
   누가 스칼렛과 그 새끼고양이들을 도왔는가?

4. **Did all of the kittens survive?**
   새끼고양이들이 모두 살아남았는가?

5. **What has become of Scarlett and her kittens?**
   스칼렛과 그 새끼고양이들은 어떻게 되었는가?

6. **What has the North Shore Animal Clinic done to honor Scarlett's brave actions?**
   노스쇼어 동물병원은 스칼렛의 용감한 행동을 치하하기 위해 무엇을 했나?

Translation

뉴욕 브룩클린의 가난한 슬럼가에 스칼렛이라는 이름의 고양이와 그 새끼들이 버려진 낡은 차고에서 살고 있었다. 운명적인 1996년 3월 30일, 큰 화재가 발생하여 삽시간에 그 건물을 집어삼키기 시작했고, 뉴욕시 소방대가 진화 작업을 위해 출동했다.

불길과 싸우는 도중, 데이비드 지아넬리라는 소방관이 불타고 있는 차고로 오락가락 정신없이 뛰어다니는 고양이 스칼렛을 발견했다. 스칼렛은 자기 집을 삼켜버린 연기와 엄청난 열기에 용감히 맞서며 다섯 마리의 새끼고양이들을 죽음으로부터 구하려고 애쓰고 있었다.

눈은 불에 데어 부풀어 감겨 있고 털은 거의 타버린 채, 스칼렛은 심하게 그을은 코로 마지막으로 한번 더 다가가며 건물이 무너지기 전에 새끼들이 아직 살아있는지 확인했다.

지아넬리는 주저하지 않고 움직였고, 심하게 다친 어미와 그녀의 새끼들을 노스쇼어 동물병원에 데리고 가 치료받게 했다. 새끼 한 마리는 이내 감염으로 죽었다. 이 참사에도 불구하고 근 3개월간의 치료 후 스칼렛과 네 마리의 새끼는 회복되어 입양되었다.

위험을 두려워하지 않은 고양이의 모성은 전세계로부터 7천 통의 입양 희망 편지를 받으며 국제적인 영웅이 되었다.

스칼렛도 입양되어 지금 롱아일랜드의 카렌 웰렌과 살고 있다. 스칼렛의 용기와 헌신을 치하하여 노스쇼어 동물병원은 그녀를 예우하는 영웅상을 제정했다. 이 상은 다른 이들을 위해 영웅적인 행동을 보여준 동물들에게 수여된다.

Below is a comprehensive alphabetized list of the 40 most commonly used cat idioms and expressions. Each idiom is translated appropriately into Korean, and an example sentence is provided for further reference as to how the idiom is used.

다음은 가장 많이 사용되는 고양이와 관련된 숙어 및 관용적인 표현 40가지를 알파벳 순서로 정리한 것 이다. 각각의 이디엄은 우리말로 번역되어 있으며, 쓰임새를 참조할 수 있도록 예문도 함께 실었다.

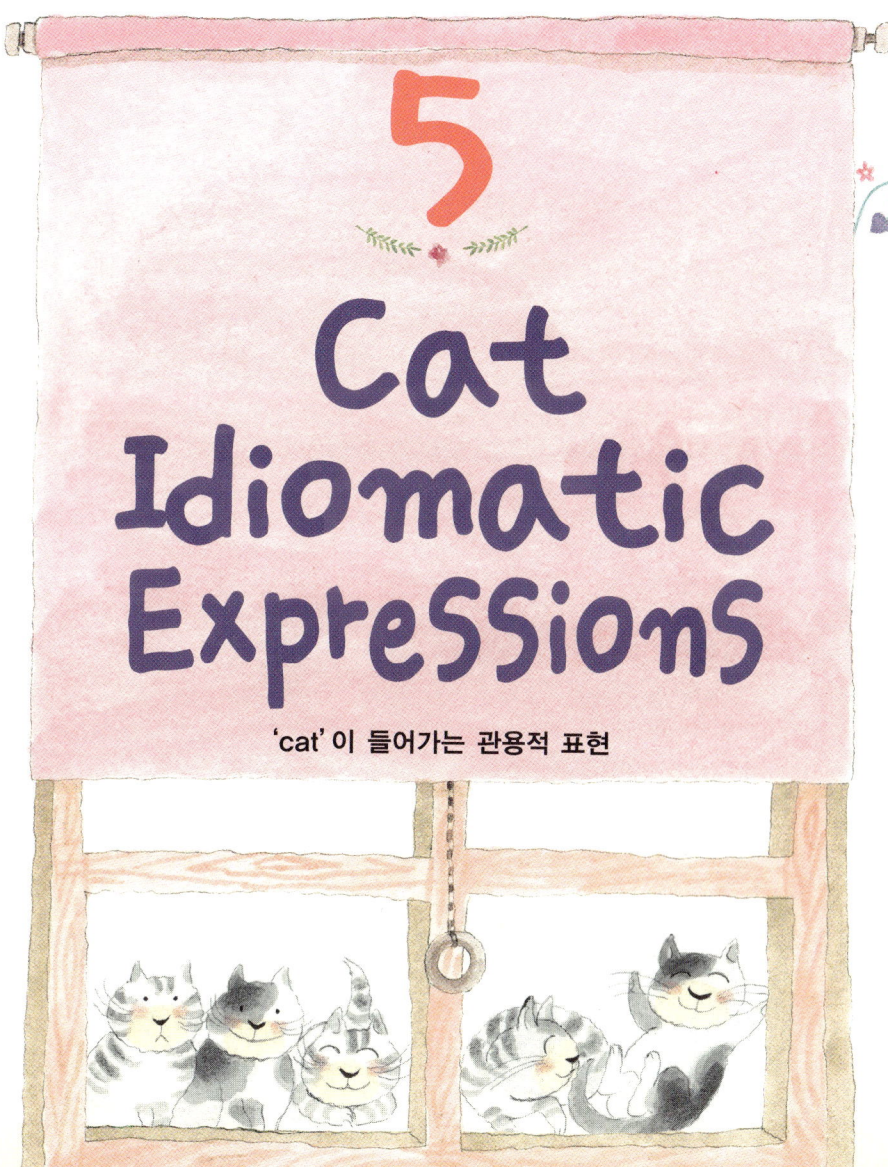

5

Cat Idiomatic Expressions

'cat'이 들어가는 관용적 표현

alley cat: a stray cat, a homeless cat. 도둑고양이, 집 없는 고양이

It is hard to sleep at night when the *alley cats* outside my window fight and meow.

창 밖에서 도둑고양이들이 싸우고 울어대면 밤에 잠자기 어렵다.

bag of cats: a bad-tempered, argumentative person. 성질이 고약한 사람, 따지기 좋아하는 사람

Cindy is quite a *bag of cats*. She is always causing and starting arguments with people.

신디는 진짜 성격이 이상하다. 그녀는 항상 사람들과 언쟁을 벌인다.

cat burglar: a nimble, silent, sneaky thief. (창문 등으로 슬그머니 침입하는) 밤도둑

The experienced *cat burglar* snuck into the bank vault undetected and made off with millions in diamonds.

노련한 밤도둑은 들키지 않게 은행 금고에 슬그머니 들어와 수백만 달러 상당의 다이아몬드를 들고 도망쳤다.

catcall: to boo, hiss, taunt, or whistle. 야유하다, 휘파람을 불다

When a beautiful young lady walked past the construction site, several workers *catcalled* at her.

아름답고 젊은 아가씨가 건설 현장을 걸어서 지나가자, 몇몇 인부들이 그녀에게 휘파람을 불어 댔다.

cat ice: thin, unsafe ice. 살얼음

Jamie told Ian that the river was not totally frozen yet

and that there was only a thin layer of *cat ice* covering it.

제이미는 이언에게 강이 아직 완전히 얼지 않고 단지 살얼음판으로 덮여 있다고 말했다.

catnap: a short or light sleep. 선잠, 낮잠

After school Nick likes to have a twenty-minute *catnap* before he begins his homework.

방과 후 닉은 숙제를 시작하기 전에 20분 정도 낮잠 자는 것을 좋아한다.

cat's ass: someone or something better than everyone or anything else; the very best; the finest. 다른 것[사람]보다 나은 것[사람]

I think that the newly decorated entertainment room is the *cat's ass*.

내 생각에는 새롭게 단장한 오락실이 다른 곳보다 나은 것 같아.

cat's meow: something considered being the best; something that is considered to be outstanding. 최고인 것, 걸출한 것

Mark's new fuel-efficient car is really the *cat's meow*.

연비가 높은 마크의 새 차는 정말 너무 멋지다.

cat's paw: a person used by another as a dupe or tool. 앞잡이, 끄나풀, 봉

Aaron said that he and his girlfriend share an equal relationship, but I think that he is just the *cat's paw*. His girlfriend is constantly using him for money.

에어런은 그와 자신의 여자 친구는 동등한 관계를 유지한다고 말하지만 내가 보기에 그는 단지 봉에 불과하다. 그의 여자 친구는 돈 때문에 그를 계속 이용하는 것이다.

catwalk: a fashion show runway; a narrow walkway. 패션쇼의 객석에 돌출한 좁다란 무대, 좁은 통로

The *catwalk* at this year's fashion show was the longest ever!

올해의 패션쇼 무대가 지금까지 가장 길었어!

cool cat: someone who keeps up with the latest fashion trends. 유행을 선도하는 사람

Alex is a real *cool cat*. He is always wearing the most

fashionable clothes.

알렉스는 정말 패션 리더이다. 그는 항상 최신 유행의 옷만 입는다.

copycat: a person who copies the actions or behaviors of others
다른 사람의 행동을 모방하는 사람

Some *copycats* are trying to imitate the music of the Irish rock band U2, but they do not sound nearly as good.

몇몇 모방자들은 아일랜드 출신 록 밴드인 U2의 음악을 흉내 내려고 하지만 U2만큼 소리를 내지 못한다.

Curiosity killed the cat: It's best to mind one's own business. 자기 일에나 신경 쓰는 것이 제일 낫다.
*This is a cautionary expression warning someone that it may be dangerous to continue being curious. 호기심을 계속 발동하면 위험할 수도 있다고 경고하는 표현이다.

Don't ask what happened to the money, *curiosity killed the cat*.

돈이 어떻게 되었냐고 묻지 마. 너무 알려고 하면 다치는 수가 있어.

Does the cat have your tongue?: Why aren't you talking? 왜 말이 없는 거야?
*This idiom is usually said when someone is silenced or unable to speak. The question, "What's the matter?" often precedes this idiom. 누군가 조용하거나 말을 할 수 없을 때 쓰는 표현이다. 보통 "무슨 일 있어?"라는 질문이 이 말 앞에 온다.
*Synonym: **Cat got your tongue?**

When Allen became silent out of embarrassment, his sister said jokingly, "What's the matter Allen? *Does the cat have your tongue?*"

앨런이 당황해서 말이 없자, 그의 여동생이 장난스레 말했다. "무슨 일 있어, 오빠? 왜 꿀 먹은 벙어리야?"

fat cat: a wealthy and/or very privileged person. 부유하거나 특권을 가진 사람

Steve is a real *fat cat*. He lives off of the interest of his grandfather's fortune. He never has to work a day in his life.

스티브는 진짜 부자다. 그는 할아버지 재산의 이자만으로 먹고 산다. 평생 단 하루도 일할 필요가 없다.

fight like cats and dogs: to fight violently all the time 늘 심하게 싸우다[다투다]

When we first got married, we *fought like cats and dogs*.
우리는 신혼 초에 항상 심하게 다투었다.

fraidy-cat: a person who won't act on a dare; a person who is afraid to try something new. 겁쟁이!
*Synonym: **scardy-cat**

We all called Tim a *fraidy-cat* when he failed to follow through with the dare to enter the cemetery at night.
우리 모두는 팀이 밤에 공동묘지에 들어가려는 도전을 해내지 못하자 그를 겁쟁이라고 불렀다.

get one's back up: to show anger or annoyance. 성을 내다, 불쾌감을 표시하다 (고양이가 화가 나면 등의 털을 곤두세우는 데서 온 말)

Why are you *getting your back up*? I am just trying to help you with your work.
왜 화를 내? 난 다만 네 일을 도와주려는 거야.

glamour puss: a sexually attractive woman that wears makeup and bright clothing to gain attention from others. 남들의 이목을 끌기 위해 화장을 하고 화려한 의상을 입는 성적 매력이 있는 여자, 매혹적인 용모를 가진 사람

Tina has been a *glamour puss* ever since she moved to the city to begin her modeling career.
티나는 모델로서의 경력을 시작하고자 도시에 온 이후로 늘 성적 매력을 풍겼다.

grin like a Cheshire cat: to display a broad smile in a self-satisfied way.
만면에 회심의 미소를 짓다

After completing an impressive presentation for his out-of-town boss, John couldn't help *grinning like a Cheshire cat*.
존은 출장 나온 상사에게 인상적인 프레젠테이션을 하고 난 후, 만면에 회심의 미소를 짓지 않을 수 없었다.

hellcat: a bad-tempered woman. 성질이 고약한 여자

Judy is quite the calm woman when she is sober, but when she drinks, she can turn into quite the *hellcat*.

주디는 술이 취하지 않은 상태일 때는 꽤 조용한 여자이지만, 술만 들어가면 아주 마녀로 변한다.

let sleeping cats lie: to leave things as they are. 현 상태대로 내버려 두다

You shouldn't tell your mother that you got a failing grade on your exam just yet. It is best to *let sleeping cats lie*.

이번 시험에서 낙제 점수를 받았다고 아직 엄마에게 말하면 안 돼. 그냥 내버려 두는 것이 최고야.

let the cat out of the bag: to pass along a secret. 비밀을 누설하다

Don *let the cat out of the bag* when he told his parents that his younger brother had signed up to join the army.

돈은 남동생이 군대에 지원했다는 비밀을 부모님께 누설했다.

like a cat on hot bricks: nervous and unable to keep still. 안절부절못하는

*Synonym: **like a cat on a hot tin roof**

What's wrong with you lately? You have been *like a cat on hot bricks* ever since last week.

요즘 무슨 일 있는 거야? 지난주부터 안절부절못해 보이던데.

live a cat and dog life: to always be arguing. 아옹다옹 싸움만 하면서 지내다

The young company manager seems to *live a cat and dog life*. He is always arguing and fighting with his suppliers and distributors.

그 회사의 젊은 과장은 싸움만 하면서 지내는 것 같다. 그는 항상 공급업자나 판매업자와 언쟁을 벌이고 다툰다.

look like the cat that swallowed the canary: to display a self-satisfied grin; to look very self-satisfied. 회심의 웃음을 짓다

*Synonym: **look like the cat that ate the canary**

You *look like the cat that swallowed the canary*. What did you do when I was gone?

그 미소는 뭐야. 나 없을 때 뭐했어?

look like something the cat dragged in: to look ill or sickly, near death; to be in extremely poor condition or bedraggled. 거의 죽을 정도로 힘들어 보

이다, 몰골이 지저분하다

Why did you show up for work today when you are sick? You *look like something the cat dragged in.*

아픈데 왜 일하러 나왔어? 너무 힘들어 보여.

look what the cat dragged in: a slightly derogatory or belittling comment made upon someone's arrival. 누군가 도착했다는 것을 알리는 조금 경멸적인 표현

Hey everybody *look what the cat dragged in.* Kendall's here.

이봐, 모두들 누가 왔나 봐. 켄달이야.

not enough room to swing a cat: tight with little or no extra room. 아주 비좁은, 여유 공간이 전혀 없는

The first apartment that my wife and I lived in was so small that there wasn't *enough room to swing a cat.*

내가 아내와 살았던 첫 번째 아파트는 고양이도 다닐 수 없을 정도로 비좁았다.

play (a game of) cat and mouse: to repeatedly try to make someone react in a way that will cause them problems; to try to find someone who is hiding from you. ~을 계속 갖고 놀다, 굴리다; 당장 공격[체포]하지 않고 형세를 엿보다

Right now the police and the bank robbers have engaged in *playing a game of cat and mouse*, but the police feel that it is only a matter of time before they capture the criminals.

지금 경찰과 은행 강도들이 서로 형세를 엿보고 있지만, 경찰은 범인들을 잡는 것은 시간 문제일 뿐이라고 생각한다.

pussyfoot around: to refrain from committing oneself; to tread or move warily or stealthily. 기회주의적인 태도를 취하다, 모호한 태도를 취하다

Don is afraid to ask his longtime girlfriend to marry him. I think that he should stop *pussyfooting around* and commit by asking for her hand in marriage.

돈은 오래 사귄 여자 친구에게 청혼하는 것을 두려워하고 있다. 나는 그가 모호한 태도를 버리고 여자 친구에게 청혼해서 책임을 져야 한다고 생각한다.

rain cats and dogs: to rain heavily; to rain furiously. 비가 억수같이 퍼붓다

It has been *raining cats and dogs* all morning, but I heard that it may stop raining later this afternoon.
오전 내내 비가 억수같이 퍼붓고 있지만, 오늘 오후에는 멈출 거라고 들었다.

see which way the cat jumps: to wait and see what happens before making a decision or taking action. 결정을 내리기 전에 잠시 형세를 살피다

I think that before we agree to spend a lot of money on a company picnic, we have to *see which way the cat jumps*. We may not have the funds available for such an outing.
내 생각에는 회사 야유회에 많은 돈을 들이는 데 동의하기 전에 형세를 살펴야만 한다고 본다. 우리는 그런 야유회에 쓸 만한 자금이 없을지도 모른다.

set the cat among the pigeons: to do or say something that causes people to worry or feel uneasy; to say or do something that angers people. (공연히 떠들거나 괜한 일을 해서) 평지풍파를 일으키다, 사람들을 화나게 하다

Jason *set the cat among the pigeons* when he helped his younger brother to host a house party, while their parents were away on vacation.
제이슨은 부모님이 휴가차 집에 안 계시는 동안 그의 남동생이 집에서 여는 파티를 돕다가 괜한 평지풍파를 일으켰다.

smell a rat: to start to believe that there is something hidden or concealed. 뭔가 수상쩍다고 생각하다, 누군가 속인다는 생각을 하게 되다

The leader of the jailed ban of bank robbers said that he *smelled a rat* amongst his fellow crime members.
수감돼 은행 강도들의 두목은 자기 일당 가운데에서 수상한 냄새가 난다고 말했다.

sourpuss: someone who is cranky about a situation or circumstance. 항상 찌푸리고 있는 사람, 불평꾼

Why are you being such a *sourpuss?* You are not being cut from the project. It is just that your duties have changed a little.
무엇이 그리 불만이야? 프로젝트에서 제외된 것도 아니고, 단지 임무만 조금 바뀌었을 뿐이잖아.

The cat's out of the bag: The secret is no longer a secret. 비밀이 새어 더 이상 비밀이 아니다.

Well, it looks like *the cat's out of the bag*. Everybody now knows that my girlfriend and I secretly became engaged last weekend.
비밀이 새 나간 것 같네. 내 여자 친구와 내가 지난주에 비밀리에 약혼한 것을 지금 모두가 알고 있잖아.

There's more than one way to skin a cat: There is more than one way to accomplish a task. 목적을 달성하는[문제를 해결하는] 방법은 여러 가지가 있다.

Don't tell me that this is the only way to fix the computer! *There is more than one way to skin a cat.*
이것만이 컴퓨터를 고치는 유일한 방법이라고 말하지 마! 고칠 수 있는 방법은 여러 가지야.

When the cat's away, the mice will play: Without supervision, people misbehave. 호랑이 없는 골에 토끼가 왕 노릇 한다. (감시를 하지 않으면 사람은 못된 짓을 한다.)

As soon as their parents left the house for a two-week vacation, the children began to misbehave. *When the cat's away, the mice will play,* you know.
부모가 2주 동안의 휴가를 위해 집을 비우자마자, 아이들이 못된 짓을 하기 시작했어. 알다시피 호랑이 없는 곳에는 토끼가 왕이잖아.

Who will bell the cat?: Who has enough courage to do a dangerous job? 고양이 목에 방울 달기 (제안은 쉽게 하지만, 일단 제안한 다음에 그 일을 하려고 아무도 나서지 않는 일)

Someone has to tell the teacher that it was his son who vandalized the school bathroom, but *who will bell the cat?*
누군가 선생님에게 학교 화장실을 고의적으로 파괴한 것은 바로 선생님의 아들이라는 것을 말해야 하지만 누가 그 말을 배짱 있게 나서서 할 것인가?

Appendix:
The Author's Recommendation

부록: 고양이 관련 사이트

Below is a list of author-recommended sites for you to visit. Each site offers interesting information along with additional links for you and your cat.

다음은 필자가 추천하는 인터넷 사이트 목록이다. 이들 추천 사이트를 활용하면 고양이에 관한 흥미로운 정보를 수집할 수 있을 뿐만 아니라 다양한 관련 사이트가 링크되어 있다.

Recommended Web Sites

www.mycathatesyou.com

A web site dedicated to featuring the ugly attitudes of cats, showcasing their bad habits and funny antics.

고양이들의 보기 흉한 모습들이 주종을 이루며, 나쁜 습관 및 익살스러운 몸짓 등을 소개한 사이트이다.

www.catsinsinks.com

A web site that is committed to collecting and displaying photos of cats in sinks. There are thousands of photos to view.

세면대에 들어 앉아 있는 고양이의 사진들을 한데 모아 전시한 사이트. 수천 개의 사진이 올라와 있다.

Recommended Web Sites

www.cutecats.com

A web site filled with thousands of pictures of cats. Although a little difficult to maneuver through, the material on the site is definitely worth visiting.

수천 개의 고양이 사진들이 올려진 사이트. 자료가 너무 방대해 이용하기가 곤란할 수도 있지만, 방문해 볼 만한 사이트이다.

www.ironfrog.com/catsmap.html

A strange but interesting site to visit. This site contains hundreds of libraries around the world that have cats living on the library premises as pets. New information can be uploaded to the archives.

기묘하지만 흥미로운 사이트. 애완동물로 고양이를 건물 내에서 키우고 있는 전세계 수백 개의 도서관을 소개한 사이트. 새로운 정보를 올릴 수 있다.

www.meowhoo.com

This web site lists information on grooming, cat behavior, and training tips, as well as, overall health for your feline. Interesting cat themed games and a photo contest can also be found.

고양이의 전반적인 건강 상태, 훈련 요령, 행동, 몸치장에 대한 정보를 제공하는 사이트. 고양이를 주제로 한 게임이나 사진전도 볼 수 있다.

www.catsinfo.com

This site contains general cat information, photos, postcards, quizzes, facts, and more.

고양이에 관한 일반적인 정보, 사진, 엽서, 퀴즈, 사실 등을 담고 있는 사이트.

Recommended Web Sites

www.petrix.com/catnames

This site contains over 2,000 unique names to help new cat owners with naming their cat.

고양이 이름을 지을 때 도움을 줄 수 있는 2000개 이상의 독특한 이름을 소개한 사이트.

---

www.thecatsite.com

This site is filled with articles about cats, forums, postcards, cat pages, news, and much more!

고양이에 관한 기사, 포럼, 엽서, 에피소드, 뉴스 등으로 가득 찬 사이트.

---

www.torixthecat.4t.com

A comical but interesting journal written from the view of a cat. The file is downloadable in both PDF format and Microsoft Word.

고양이 관점에서 쓴 우습지만 재미있는 저널. PDF 포맷과 MS 워드로 다운 가능.

---

www.catclub.net

Catclub is an informative and fun site for cat lovers of all ages. This site includes cat care, screen savers, ecards, and cat games.

모든 연령층의 고양이 애호가들을 위한 유익하고 재미있는 사이트. 고양이 돌보는 법, 화면 보호기, e-카드, 게임 등을 소개한다.

---

www.totallycats.co.uk

A web site created for cat lovers by cat lovers. This site is filled with general cat information and has an online forum for visitors to post and read messages.

고양이 애호가들이 자신들과 같은 고양이 애호가들을 위해 만든 사이트. 고양이에 관한 일반적인 정보가 가득하고 방문자들이 글을 올리고 읽을 수 있는 온라인 포럼을 운영한다.

Recommended Web Sites

www.litterkwitter.com

The original world famous cat toilet training system. You can teach your cat to use the toilet in 3-easy steps and say goodbye to the mess, germs, smells & hassle of the litter tray...forever!

세계적으로 유명한 최초의 고양이 화장실 배변 시스템. 쉽고 간단한 3단계로 고양이에게 화장실을 이용하도록 가르쳐서 오물통의 배설물과 병균, 냄새와 번거로움에서 해방될 수 있다.

일러스트 **김은정**

서울대 미대 서양화과를 졸업하고 (주)바른손에서 디자이너로 근무했다.
이후 출판 일러스트레이션에 관심을 갖고 프리랜스 일러스트레이터로
일하면서 일반 단행본과 동화책 등에 예쁜 일러스트를 많이 그려 넣고 있다.

Cat English

초판 1쇄 발행 2007년 3월 10일

지은이 매튜 다우마
펴낸이 엄경희
펴낸곳 서프라이즈

주소 서울시 마포구 도화동 173 삼창빌딩 1403호
전화 02) 719-9758 팩스 02) 719-9768
이메일 surprise@surprisepub.co.kr
등록 2003년 12월 20일 제 313-2003-00382호

ⓒ2007 Matthew Douma

No part of this book may be reproduced or transmitted in any
form or by any means, electronic or mechanical, including
photocopying, recording, or by any information storage retrieval
system, without permission in writing from the publisher. All
rights reserved.

이 책은 도서출판 서프라이즈가 저작권자와의 계약에 따라 발행한 것이므로 본사의 허락 없이
는 이 책의 글, 그림, 오디오 등 일체의 내용을 어떠한 형태나 수단으로도 이용하지 못합니다.

ISBN 978-89-955053-8-0 13740

값 12,000원